WILLIAM BACKUS
MARIE CHAPIAN

DÍGASE LA VERDAD

Al remplazar sus creencias erróneas con la verdad,
se librara para siempre de la depresión, de la ansiedad,
del miedo, del enojo y de otros serios problemas,
y obtendrá lo que tanto anhela: la felicidad.

CASA
CREACIÓN
Para vivir la Palabra

Para vivir la Palabra

MANTÉNGANSE ALERTA;
PERMANEZCAN FIRMES EN LA FE;
SEAN VALIENTES Y FUERTES.
—1 CORINTIOS 16:13 (NVI)

Dígase la verdad por William Backus
Publicado por Casa Creación
Miami, Florida
www.casacreacion.com
©2016 Derechos reservados

ISBN: 978-1-941538-13-5
ISBN ebook: 978-1-960436-54-2

Desarrollo editorial: *Grupo Nivel Uno, Inc.*
Apatación de diseño interior y portada: *Grupo Nivel Uno, Inc.*

Publicado originalmente en inglés bajo el título:
Telling Yourself the Truth
por Bethany House Publishers
una división de Baker Publishing Group,
Grand Rapids, Michigan, 49516, U.S.A.
Todos los derechos reservados.

Nota de la editorial: Aunque el autor hizo todo lo posible por proveer teléfonos y páginas
de internet correctos al momento de la publicación de este libro, ni la editorial ni el autor
se responsabilizan por errores o cambios que puedan surgir luego de haberse publicado.

Impreso en Colombia

24 25 26 27 28 LBS 9 8 7 6 5 4 3 2

CONTENIDO

CREENCIA ERRÓNEA # 1
Lo quiero, por tanto, tengo que obtenerlo

CREENCIA ERRÓNEA # 2
Es terrible que me hieran los sentimientos

CREENCIA ERRÓNEA # 3
Para ser feliz, todo el mundo debe quererme

CREENCIA ERRÓNEA # 4
Las cosas tienen que salir bien

CREENCIA ERRÓNEA # 5
Si vale la pena hacer algo, hay que hacerlo
¡MEJOR que nadie!

CREENCIA ERRÓNEA # 6
Siempre debo ser y estar feliz a pesar de las dificultades y problemas que se me presenten

Introducción a la edición del vigésimo aniversario

Han sucedido muchas cosas desde que se publicara *Dígase la verdad* en 1980. Fue el año en que el Monte Santa Helena entró en erupción, en que fue asesinado John Lennon y Ronald Reagan debatió con Jimmy Carter como candidatos a la presidencia de los Estados Unidos, en tanto que Irak invadió a Irán y Darth Vader volvió a la pantalla grande encabezando el contraataque al imperio. En 1980 murió Marshall McLuhan, conocido por pronunciar su críptica advertencia sobre el estado de la *verdad*: «El medio es el mensaje».

Pocos se daban cuenta entonces de lo que le sucedería a la verdad en las siguientes dos décadas. El ataque contra la verdad, iniciado en lo académico, todavía no había llegado a su máximo nivel. Y pocos podían ver entonces que en dos décadas más el foro de lo público pasaría por una purga tan grande que incluso la más leve sombra de Dios sería el disparador de un ataque virulento contra quienes se atreven a creer que la verdad sí existe. Algo así como la copia fiel de Poncio Pilato con su «¿Qué es la verdad?», en su burlona pregunta a Jesús. La verdad, se decía ya entonces, es algo personal que depende del punto de vista de cada uno, de su cultura, su sociedad, su grupo. Y a medida que las sentencias en cuanto a lo que es la verdad se volvían más y más totalitarias, la gente común y corriente perdía la brújula, y no tenía idea de hacia dónde debían apuntar sus detectores de la verdad. Con frecuencia, el resultado era la confusión intelectual y una presión emocional que perturbaba. La solución acostumbrada fue entonces acudir a los sicólogos, con la creencia de que ellos podrían orientar y señalar el camino hacia la verdad y la salud. También aumentó la cantidad de consultas con siquiatras que empezaron a ofrecer medicinas para el cerebro, buscando restaurar las emociones saludables, sustituyendo con químicos la verdad tan difícil de hallar. Hubo muy pocos que pudieran ver la imagen completa de lo que estaba sucediendo. Muy pocos capaces de prever los increíbles engaños presagiados, a medida que las doctrinas del relativismo y el nihilismo reemplazaban a la idea de la verdad. ¿Quién podría haber predicho entonces que las fuerzas armadas de los Estados Unidos equipararían de lleno a la hechicería con el cristianismo como religión, o que las iglesias cristianas darían su bendición respecto del aborto y la perversión sexual? Nadie pudo profetizar que poco faltaba para que los profesores de las escuelas secundarias tuvieran que preocuparse porque sus alumnos masacraran a sus compañeros de clase. Hoy los devotos del mal predican el hacer el mal, tan solo por el mal en sí mismo. Richard Neuhaus no exagera al decir que esto es *barbarie*, y que los devotos del postmodernismo y su asquerosa progenie no son otra cosa que *bárbaros*.

Dígase la verdad ayudó a que en 1980 se hiciera evidente que las patologías emocionales individuales, los patrones de conducta retorcidos y las emociones dolorosas eran resultado del desplazamiento cognitivo de la verdad de Dios debido a creencias también retorcidas. La historia cultural de estos últimos veinte años ha demostrado que el desplazamiento *público* de la verdad de Dios ha sido el detonante para que emergieran males culturales, tan destructivos que algunos pensadores anuncian que hemos llegado al fin de la civilización.

Lo que queremos decir es esto: ¡La verdad es funcional! Nuestra indicación de que tenemos que decirnos la verdad a nosotros mismos no es una doctrina moral abstracta sino una condición necesaria, vital, la vida misma. La vida que se vive en la verdad trae gozo y paz. Pero la existencia que carece de la verdad es un tipo de muerte, un sendero que lleva a la muerte eterna. El éxito de *Dígase la verdad* se cuenta no solo en la cantidad de libros vendidos, sino en las muchísimas cartas y expresiones personales por parte de los lectores que han escrito o llamado por teléfono desde todo el mundo, agradeciendo la experiencia del poder de la verdad, transformador de vidas, que se activó cuando se dijeron la verdad a sí mismos.

El hecho de que sea tan longevo el libro es un fenómeno en el mercado actual, que cambia a paso veloz, y eso se debe a su efectividad. Y también al hecho de que es un libro verdadero que trata sobre la verdad. Pero más que nada, es una obra que se lee con facilidad, un libro que se disfruta. Y, por ello, merece mis más sinceras felicitaciones y agradecimiento mi coautora Marie Chapian, por su importante aporte. Con su brillante prosa ha convertido a *Dígase la verdad* en un placer para sus miles y miles de lectores de habla inglesa, y ha facilitado la tarea de los traductores que han hecho hablar al libro en distintos idiomas.

Quiera Dios, que es la Verdad, que su Palabra en esta edición del vigésimo aniversario, ¡llegue con nuevas alas a una nueva generación de lectores!

En Cristo Jesús, cuya Palabra infalible declara: «La verdad los hará libres».

William Backus, Ph. D.
Sicólogo

Introducción

Este libro ha sido escrito para ayudarle a vivir con la única persona con la que está obligado a vivir por el resto de su vida: usted. Los principios aquí sentados no son nuevos; en realidad, se conocen desde los tiempos del rey Salomón y aun desde antes. La gente se siente feliz y satisfecha al aprender a practicar los hábitos que se describen en este libro.

Los escritos actuales de terapeutas del conocimiento como Albert Ellis, A. T. Beck, M. J. Mahoney, D. Meichenbaum y Arnold Lazarus y sus puntos de vista científicos, los escritos de filósofos como Tito y Marco Aurelio, los descubrimientos de las investigaciones sicológicas así como los hallazgos de los pensadores más destacados de la historia nos traen a las verdades afirmadas en las Sagradas Escrituras, y a los principios que compartimos en este libro.

Estos principios son tan prácticos y confirmados por la experiencia —en realidad, son el método de Dios mismo para destruir las fortalezas del mal en la mente de los hombres y las mujeres—, que es sorprendente que el común de los lectores nunca haya oído hablar de ellos.

La mayoría de nosotros queremos ser seres humanos felices que puedan manejar bien la vida y lograr sentirse bien a pesar de las circunstancias negativas que se suman de continuo. Paradójicamente, los métodos que usamos para lograr la *felicidad* nos vuelven infelices. Trabajamos y luchamos por algo que no podemos asir por completo.

¿Qué significa ser feliz? Podríamos definir la felicidad como una sensación permanente de bienestar, sentirse bien respecto a la vida, a los demás y a uno mismo. También podríamos definirla

como la ausencia de dolor y malestar tanto emocional como
mental. La Biblia llama «bienaventurados» a los felices.

> *Bienaventurado —feliz—, afortunado, próspero, envidiable, es el hombre que no vive ni anda en el consejo del malvado... Sino que su deleite y su deseo están en la ley del Señor: los preceptos, las instrucciones, las enseñanzas de Dios.*[1]

En el Sermón del Monte, Jesús señala a aquellos que son bienaventurados, es decir, felices. Son las personas «espiritualmente
prósperas (esto es, cuyo gozo y satisfacción están en el favor y la
salvación de Dios, cualesquiera sean sus circunstancias)».[2]

¿Cuál es su definición de felicidad? Después que haya respondido a la pregunta, queremos que sepa que es posible ser feliz,
verdaderamente feliz en lo más hondo de su ser, y permanecer
así. No tiene por qué ser víctima de las circunstancias, de los
acontecimientos o de las relaciones con los otros. No tiene por
qué quedar atrapado por emociones penosas que no ceden.

Este libro ha sido escrito para ayudarle a encontrar la felicidad que desea y a llegar a ser la persona que quisiera ser. Puede
vivir feliz de ahora en adelante con la persona que es y, como
consecuencia, producir una profunda afección en aquellos que
le rodean.

«La terapia para tratar las creencias erróneas», como hemos
llamado a nuestro *modus operandi*, implica introducir la verdad
en nuestro sistema de valores, filosofías, demandas, expectativas,
supuestos morales y emocionales, así como en lo que nos decimos
a nosotros mismos. La Biblia dice que es la *verdad* la que hace
libre al hombre. Jesucristo es la Verdad viva. Cuando inyectamos
la verdad en todos nuestros pensamientos, tomamos una escoba
terapéutica y barremos todas las mentiras, y las ideas falsas que
nos han esclavizado, encontramos nuestras vidas radicalmente
cambiadas para bien.

Es nuestra esperanza que otros profesionales se unan a nosotros en el interesante descubrimiento de que la verdad, tal como
es en Jesús, es un modo de vida factible de ser enseñado y que

conduce a la integridad, a un funcionamiento restaurado y a la liberación de la neurosis.

Pedimos tolerancia a nuestros lectores profesionales que encontrarán escasa terminología científica en este libro. A propósito hemos evitado la jerga sicológica, para que todos nuestros lectores se sientan cómodos.

Hace poco concluimos un proyecto investigativo que incluía visitas periódicas a cada paciente tratado en el Centro Cristiano de Servicios Sicológicos durante un lapso de seis meses. El propósito era averiguar los resultados de la terapia contra las creencias erróneas —como las llamamos— en la vida de nuestros pacientes. Tales resultados han sido gratificantes.

Noventa y cinco por ciento de los pacientes que habían sido tratados en el centro progresaron. No sólo eso, sino que esas personas fueron capaces de mencionar conductas específicas que habían cambiado para bien. Estaban entusiasmadas con el tratamiento que habían recibido y con los resultados obtenidos. Es por eso que con confianza le recomendamos que no sólo lea este libro, sino que también ponga en práctica los métodos que ofrece para obtener un cambio real en su vida. Adquirirá capacidades que querrá conservar para siempre.

1. Salmos 1:1, 2, traducción literal de The Amplified Bible.
2. Mateo 5:3, traducción literal de The Amplified Bible.

CAPÍTULO UNO

¿Qué es una creencia errónea?

«¿Por qué me siento así?», pregunta la persona afligida. Él o ella, por lo general, tienden a culpar a alguna otra cosa o persona. «Es mi esposa. *Ella es* la que hace que me sienta así». O bien: «Todo es culpa *de mi marido*». «Mi *trabajo* no me satisface», o «Mis *amigos* me desilusionaron», o «Mis *hijos* son un desastre». Algunos culpan de sus propios problemas a la iglesia. Critican al pastor, se quejan de que los miembros son poco amistosos o de que *todo el mundo, salvo ellos,* es hipócrita.

Todos tenemos algo que quisiéramos cambiar en nuestra vida. Nadie tiene circunstancias perfectas. No obstante, ¿qué es lo que nos *decimos* a nosotros mismos acerca de esas circunstancias?

Hace algunos años, un hombre, al que llamaremos Juan, estaba en la ruina. Era cristiano y había creído en Dios la mayor parte de su vida. Sin embargo, ahora, después de quince años de vida matrimonial, se vio obligado a vivir solo. Se encontraba separado de su familia y debía enfrentar un divorcio que él mismo no deseaba. Pensaba que todo aquello era el fin del mundo. Se sentía totalmente desdichado. Perdió muchas noches tratando de aliviar su angustia con la bebida. Se sentía tan infeliz que quería morir, porque sencillamente no veía ninguna salida a tan penosas circunstancias.

Al fin, decidió acudir a un sicoterapeuta cristiano. Una vez iniciada la terapia, gradualmente comenzó a ver que no tenía por qué dar por terminada su vida. Dejó de pensar en el suicidio y su fe en Dios comenzó a profundizarse. Empezó a pensar en Dios como en el Dador de todo lo bueno. Llegó a conocerlo en una nueva dimensión y, poco a poco, su vida cambió.

Usando sus propias palabras: «Un día mientras me ensimismaba en mi desdicha, escuché las palabras que me había estado diciendo a mí mismo, cosas como: "¿Qué sentido tiene todo? Estoy completamente solo. Nadie me quiere ni se preocupa por mí. Nadie quiere estar conmigo. Me siento rechazado e inútil..." Repentinamente algo me impactó. Pensé: "Pero, ¿qué es lo que me estoy diciendo?"»

Juan se cuestionó su manera de plantearse a sí mismo las cosas. Reconoció que había algo radicalmente errado en lo que había estado diciéndose a sí mismo, y comprendió que su depresión no se debía al divorcio inminente sino a lo que él se *decía* a *sí mismo sobre el asunto*.

Como resultado, empezó a cambiar las cosas que se decía a sí mismo. Eso requirió determinación y arduo trabajo de su parte. No fue fácil al comienzo, pero debido a que se negó a ser el blanco de un paquete de mentiras autodestructivas, se enseñó a sí mismo a declararse la verdad.

EN LUGAR DE:	DIJO:
Soy un fracasado y no valgo.	Mi matrimonio fracasó, pero Dios me ama profundamente. En consecuencia, soy importante.
Estoy solo y me siento desdichado.	Estoy sin compañía, pero no me siento solo.
Estoy separado de mi familia y ya no habrá felicidad para mí.	Estoy separado de mi familia y eso duele. Pero a pesar del dolor, puedo vivir.

Además, dejó la bebida por completo. Enfrentó las afirmaciones destructivas que venía haciéndose a sí mismo. Por lo que se dijo: «El hecho de que esté solo no significa que tenga que sentirme desolado». Se dijo a sí mismo la *verdad* y usó su situación como una oportunidad para disfrutar, gozar y deleitarse en la presencia del Señor Jesucristo.

Sus circunstancias no habían cambiado, pero sí cambió lo que *se decía a sí mismo* acerca de ellas. Descubrió que se había estado diciendo un montón de mentiras que provenían directamente del diablo.

Hay tres pasos para llegar a ser la persona feliz que está destinada a ser:

1. *Ubique sus creencias erróneas.* (Juan descubrió que había estado diciéndose mentiras a sí mismo.)
2. *Elimínelas.* (Juan las enfrentó. «No me siento solo».)
3. *Reemplace las creencias erróneas con la verdad.* («Es una tontería decir que nadie me puede querer y que soy un inútil. El Dios del universo me ama con amor eterno. En él tengo innumerables capacidades y habilidades, por lo que soy infinitamente valioso para él».)

Juan comprendió que el estar solo en realidad puede resultar una experiencia maravillosa con el Señor. Si se hubiera seguido aferrando a sus ridículas creencias erróneas, hace tiempo que hubiera ido a parar a la tumba, sintiéndose desolado y desgraciado. Por dicha, se recuperó por completo y ahora lleva una vida maravillosamente plena. Nunca volverá a sufrir la angustia autodestructiva de la que una vez fue víctima. Cuando aprendió a ver la *verdad* acerca de sí mismo, aprendió también a enfrentar y librarse de las mentiras que lo podrían haber destruido.

¿QUÉ ES LA VERDAD?

Muchos filósofos y pensadores, a través de los tiempos, se han sentido fascinados por la idea de la *verdad*: qué es y qué significa para nuestra vida.

Uno de ellos fue un hombre llamado Rene Descartes. Fue un católico romano devoto que vivió a comienzos del siglo XVII. Se hizo famoso tratando de descubrir la verdad clara e indubitable.

Descartes se cansó de las interminables discusiones de los filósofos y decidió poner fin definitivamente a sus desacuerdos.

Con el objeto de encontrar alguna verdad que fuera lo suficientemente incuestionable como para que nadie pudiera dudar de ella, Descartes decidió tomar como punto de partida sus propias dudas acerca de las cosas. Dudó de todo lo que era posible dudar sistemáticamente. Al dudar de todo, se dijo a sí mismo que estaba *pensando*. Luego consideró que, ya que estaba pensando, tenía que *existir*.

De allí vienen sus famosas palabras: «*Pienso, luego existo*». Descartes al fin había descubierto lo que consideraba una verdad incuestionable: creía que lo más importante acerca de la verdad es llegar a ella. El problema con su afirmación es que no nos dice mucho acerca de cómo *vivir* y *ser felices* con esa verdad.

Marco Aurelio fue otro pensador. Fue emperador de Roma alrededor del año 150 después de Cristo, y también se interesó por la *verdad*. Fue un gobernante estoico y se distinguió como uno de los emperadores romanos más inteligentes y concienzudos. Tuvo muchas fallas, una de las cuales fue su rechazo a los cristianos, pero a pesar de ese lamentable desacierto, investigó el problema de la *verdad*. En su libro *Meditaciones,* comparte un tremendo descubrimiento que puede cambiar nuestra actual manera de vivir.

Marco Aurelio comprendió que las emociones humanas no son simplemente el producto de las circunstancias casuales, sino que están determinadas por la manera de *pensar* de la gente.

Mientras que Descartes dijo: «Pienso, luego existo», Marco Aurelio pudo haber dicho: «Pienso para *determinar* lo que soy».

¡Exacto!

En el libro de los Proverbios, en la Biblia, al referirse al hombre se nos dice: «*Porque cual* es *su pensamiento en su corazón, tal* es *él*» (Proverbios 23:7). Al estudiar esta y otras citas bíblicas referentes a la importancia del pensar correctamente, descubriremos que la Biblia enseña de modo categórico que los sentimientos, las pasiones y la conducta del hombre están determinados y condicionados por la manera en que piensa.

Marco Aurelio desenterró una verdad cuyo alcance no pudo apreciar completamente porque no conocía al Señor Jesucristo, que dijo: «*Yo soy... la verdad*» (Juan 14:6).

Como seres humanos, no estamos condenados a una existencia fría, sin emociones, mecánica. Somos criaturas que vibramos con energía física, emocional y mental. Una vez que extirpamos las irracionalidades y las mentiras de nuestro pensamiento, y las reemplazamos por la *verdad,* podemos tener vidas satisfactorias, ricas y emocionalmente plenas.

Estas irracionalidades no siempre son fáciles de definir. Mucho de lo que nos decimos no está expresado en palabras. Nuestros pensamientos a menudo son imágenes o actitudes carentes de palabras. Usted puede sentirse incómodo y aislado en lugares muy concurridos, aunque nunca llegue a expresar esos sentimientos en palabras. Puede sentir temor de algo y evitarlo, sin que en realidad sepa qué está ocurriendo en su sistema de creencias.

Pero, ¿cómo podemos cambiar? ¿Cómo nos ponemos en contacto con aquello que realmente está ocurriendo dentro de nosotros?

Un paciente, llorando podrá decir: «Doctor, creo que la raíz de mi problema data de mi infancia». ¡Cuántas veces escuchamos esto!

Nuestra cultura, teñida por la filosofía de Freud, casi ha establecido como obligatorio creer que no puede haber curación sicológica sin una exploración profunda y detallada del pasado del individuo.

Sin embargo, no son los acontecimientos pasados o presentes los que hacen que nos sintamos de la manera que nos sentimos, sino *nuestras interpretaciones acerca de ellos.*

Nuestros sentimientos no son el resultado de las circunstancias presentes o de nuestra lejana infancia. *Nuestros sentimientos son el resultado de lo que nos decimos a nosotros mismos acerca de nuestras circunstancias,* sea que lo expresemos en palabras o en actitudes.

Lo que nos decimos puede ser: (1) verdad, o (2) mentira.

Si usted se dice falsedades o mentiras, va a *creer* en falsedades y mentiras. Si se dice que es un bruto inexperto que no puede hacer nada bien, eso es lo que va a creer. Si *cree* algo, va a *obrar* según lo que cree.

Por eso es que sus creencias verdaderas y sus creencias erróneas son los factores más importantes de su vida emocional y mental.

LAS CREENCIAS ERRÓNEAS

¿Qué son las creencias erróneas?

La expresión *creencias erróneas* es importante. En realidad es el nombre más apropiado que podemos dar a algunas de las cosas ridículas que nos decimos a nosotros mismos. Es atroz el sufrimiento que experimentamos debido a los continuos ataques de pensamientos negativos y emociones heridas.

Las creencias erróneas son la causa directa del desorden emocional, de las conductas inadaptadas, y de la mayoría de las llamadas «enfermedades mentales». Son la causa de aquellas conductas destructivas en las que persiste la gente, aun teniendo plena conciencia de que son perjudiciales (tales como comer de más, fumar, mentir, emborracharse, robar o cometer adulterio)».

Las creencias erróneas casi siempre aparecen como verdades para la persona que se las dice a sí misma. Incluso pueden llegar a parecer verdaderas para un consejero poco experto. Es así en parte porque a menudo contienen algún fragmento de verdad y en parte porque el que sufre nunca ha examinado ni cuestionado estas suposiciones erróneas. Pero, por favor créanme, las creencias erróneas que nos decimos a nosotros mismos, vienen directamente desde lo más profundo del infierno. Son formuladas y despachadas por el propio diablo. Él es muy sagaz para repartir las creencias erróneas. No quiere correr el riesgo de que lo descubran, de modo que siempre hace aparecer como verdad la mentira que nos dice.

Expresiones como: «Nada me sale bien. Siempre estoy cometiendo errores», son buenos ejemplos. Basta que cometa un error y creerá esa mentira. «Nada me sale bien» es una *afirmación errónea*. Si cree palabras como esas, está creyendo mentiras.

Martín Lutero, al enseñar el significado de la sexta petición del Padrenuestro («no nos metas en tentación»), escribió: «En esta oración pedimos que Dios nos guarde y nos proteja para que el diablo, el mundo y nuestra carne no nos conduzcan a creencias erróneas, a la desesperación ni a otros grandes vicios e ignominias». En efecto, las consecuencias de la creencia errónea conducen a la desesperación y a los otros «grandes vicios e ignominias».

Piense por un momento en las cosas que se dice usted mismo. Si se repites que su suegra lo odia o que el fulano de al lado es un vecino malvado y repugnante, ¿cuál va a ser su reacción? *Creerá aquello que se repite a sí mismo.* En consecuencia, tratará a su suegra como a un enemigo y a su vecino como a un malvado.

Es muy probable que su suegra y su vecino le hayan dado alguna razón para que usted se diga esas cosas acerca de ellos, de modo que puede sentirse justificado con su monólogo interno. Sin embargo, usted es víctima de la creencia errónea.

¿Por qué?

El apóstol Santiago nos muestra de dónde viene esta manera autodestructiva de pensar. «Pues esta no es la clase de sabiduría [superficial] que viene de Dios, sino que es una sabiduría de este mundo, de la mente humana y del diablo mismo» (Santiago 3:15, Versión Popular). Las afirmaciones negativas y distorsionadas que las personas se repiten a sí mismas, provienen del diablo. Su naturaleza las acepta sin cuestionarlas y, entonces, como alimento descompuesto y en mal estado, estas palabras con veneno mental crean dolores y angustias emocionalmente perjudiciales.

Esta dieta de toxinas mortales le matará, según San Pablo. Él dijo que el «preocuparse por lo puramente humano lleva a la muerte» (Romanos 8:6, Versión Popular). Si continúa diciéndose afirmaciones distorsionadas, tendrá sentimientos negativos y caerá en conductas negativas.

Persistir en pensamientos dañinos es contrario a la voluntad de Dios.

Dios no desea que sus hijos sufran depresión, preocupación ni enojos ingobernables.

¿Sabía que Dios quiere que seamos capaces de controlar nuestros sentimientos y acciones?

Podemos lograrlo si nos libramos de las creencias erróneas y comenzamos a considerar qué es lo que nos decimos.

Un paciente llamado Carlos llegó al consultorio para su sexta sesión de terapia. Mientras hablaba se retorcía las manos en forma nerviosa.

—Estoy llegando al punto en que me siento tenso y confundido casi todo el tiempo —le dijo al terapeuta—. He orado sobre esta cuestión y sé que la Biblia dice que no debemos ponernos nerviosos por nada. Pero no puedo sobreponerme y esto va de mal en peor.

—¿Te sientes tenso *todo* el tiempo? —le preguntó el terapeuta.

Carlos frunció el ceño.

—Todo el tiempo. Unas veces más que otras. Voy a la iglesia, pero eso no me ayuda. El domingo pasado apenas pude aguantarme. Tenía ganas de salir corriendo.

—¿Por qué no saliste?

La pregunta sorprendió a Carlos.

—No podría haberlo hecho. Todo el mundo se habría dado cuenta.

—Supongamos que efectivamente todos se fijaran en ti. ¿Acaso las miradas te pueden herir?

—Habrían pensado que estoy loco o que estoy frío en el aspecto espiritual. Simplemente ¡jamás podría salir de la iglesia así!

—Pero dijiste que apenas podías estar allí. ¿Quieres decir que porque estabas rodeado de gente te sentías *obligado* a quedarte?

—Sí, por supuesto. Quiero decir que si me ponía de pie y salía, los demás hubieran pensado que me pasaba algo malo.

—¿Hubiera sido muy terrible eso?

—¿Y si se enteraban de lo que pasaba dentro de mí? ¿Y si descubrían lo tenso y trastornado que estoy casi todo el tiempo? Siempre temo que la gente descubra lo tenso que me siento.

—¿Y qué pasaría si la gente se enterara de algunos de tus sentimientos recónditos?

—Tal vez pensarían que soy un tipo raro. O que no soy un buen cristiano. Después de todo, se supone que los cristianos debemos estar contentos y tener paz.

—Déjame preguntarte una cosa, Carlos. Si un amigo tuyo anda tenso y nervioso, ¿vas a decir que es un tipo raro o un mal cristiano?

Carlos se acomodó y se quedó mirando al piso.

—Por supuesto que no.

—Al parecer crees que lo que otros piensan acerca de ti es más importante que tus propios sentimientos.

Carlos quedó en silencio por un momento y luego dijo:

—En efecto, quiero que todos piensen bien de mí. Quiero agradar a todos y hacer lo que la gente admira...

—Permíteme examinar lo que dijiste hasta ahora y ver dónde están tus creencias erróneas.

Carlos asintió con la cabeza:

—Puedo ver una, por lo menos.

—¿Cuál?

—La creencia errónea de que todos debieran quererme y apreciarme. Y que sería terrible si no lo hicieran.

Ese día Carlos hizo un gran descubrimiento. Descubrió la importancia que tienen las palabras que uno se dice a sí mismo. Estas palabras, es decir nuestro *monólogo interno,* son frases que nosotros escuchamos y que nos llevan a nuestras creencias erróneas.

Una de las creencias erróneas de Carlos era que, para ser feliz, tenía que saber que le resultaba agradable a la gente.

Creencia errónea: «Debo agradar a la gente. De ninguna manera mis acciones deben hacer que otros me rechacen. No podría aguantar que alguien no esté conforme conmigo».

Esta cadena de creencias erróneas provoca ansiedad y es una interminable fuente de sufrimiento.

La verdad: El cristiano no tiene por qué luchar para obtener la aprobación de todos los que lo rodean.

Carlos necesitaba comprender que la gente a la que se sentía obligado a agradar, en realidad, no tenía poder para herirlo, aun cuando él no les resultara agradable. Se dio cuenta de que muy rara vez la gente se preocupa por nosotros en la medida en que creemos que lo hace. Así que pudo hacer profundos cambios en su manera de pensar cuando por fin comprendió que las consecuencias reales de la desaprobación de los demás nunca podrían causar tanta desesperación y angustia como le causaban sus creencias erróneas. También comprendió que lo más importante es la aprobación de Dios.

Carlos fue afortunado. No terminó en un hospital ni en la esclavitud de las drogas, sino que pudo retomar el control de sí mismo.

De usted depende que sea feliz o infeliz.

Entrará en el camino de la libertad cuando dé el primer paso e identifique sus creencias erróneas por lo que realmente son. Aprenda a reconocerlas como mentiras del diablo.

«Y conoceréis la verdad, y la verdad os hará libres» (Juan 8:32), es una promesa de Jesús. Permita que la verdad muestre las creencias erróneas suyas.

Puede encontrarse libre de sentimientos tan desagradables como la amargura, la opresión, la depresión, la ansiedad, el resentimiento, la ira, la desconfianza y la hipersensibilidad. Puede aprender a ejercer control sobre usted mismo y a disfrutar de ello.

En cuanto a la salud mental y emocional, *lo que* creemos es de suma importancia y nos afecta. Las otras personas, las circunstancias, los sucesos y las cosas materiales *no son* las que le dan la felicidad. Lo que usted *crees* acerca de esas cosas es lo que le hace feliz o infeliz.

Si piensa que sería terrible que nadie conversara con usted en una cena, su ser mental y emocional reaccionará de acuerdo a ello. Al prepararse para ir a una fiesta se sentirás tenso, en el camino se pondrás ansioso. Una vez allí transpirará todo el tiempo y se sentirá incómodo. Estará impulsado continuamente a encontrar a alguien con quien hablar, para sentirse que participa de lo que ocurre allí, para sentirse aceptado. Se preguntará *por qué* está tan nervioso. Tal vez se disculpe a sí mismo diciéndose: «Bueno, estas fiestas no son para mí. Después de todo soy una persona tímida».

¿Comprende cómo las creencias erróneas nos hacen privarnos del gozo y de las bendiciones de la vida en Cristo?

En el ejemplo anterior *las creencias erróneas* son:

1. Sería terrible si nadie me hablara en las reuniones sociales (o si no conociera a nadie).
2. Es horrible sentirse cohibido y nervioso.

La verdad es:

1. Puedo disfrutar en cualquier parte, no necesito que alguien me esté hablando para pasar un buen rato.
2. No me voy a morir por sentirme cohibido.

No tiene nada de malo sentirse así.

Nadie se ha muerto por sentirse incómodo, pero nuestras creencias erróneas nos dicen que el sentirse incómodo es terrible, espantoso, desesperante, horrible, cuando en realidad, aunque no sea divertido, puede ser perfectamente soportable.

La manera cómo piense y crea determina cómo se sienta y qué hace. Es nuestro propósito cambiar sus básicas creencias erróneas y negativas hasta el punto en que se disponga en forma enérgica y activa, a librarse de ellas... definitivamente.

Si es usted consejero, puede ayudar a la gente llevándola a descubrir sus creencias erróneas. Podrá ver cómo cambian y florecen las vidas a medida que la gente hace a un lado las creencias erróneas e inyecta activamente la *verdad* en su existencia.

Ahora el interrogante es: ¿queremos realmente ser felices?

CAPÍTULO DOS

¿Queremos realmente ser felices?

Algo muy lindo en cuanto a cambiar las creencias erróneas para ser una persona más feliz es que se obtienen resultados *inmediatos*. No se necesita esperar meses y años para tener un gran progreso. Puede comenzar a cambiar, ahora mismo, los sentimientos persistentes, negativos e indeseables.

Para este propósito es una ventaja contar con un libro como este. Una creencia errónea que se encuentra a menudo en la sicoterapia es que es trabajo *del terapeuta* hacer del paciente una persona bien adaptada y feliz.

A veces esperamos que el sicoterapeuta nos trate como lo hace el médico. Usted va a su consultorio, con su cuerpo y sus síntomas, y el médico le revisa. Él hace un diagnóstico de su estado y le receta el tratamiento adecuado. Tal vez requiera medicamentos o intervención quirúrgica. Le interna en el hospital y le opera. Toma los medicamentos, guarda el reposo indicado y pronto estará mucho mejor.

Aprender a ser una persona feliz, adaptada, productiva y atractiva, no es algo que se logre de esa manera. Su terapeuta no lo puede hacer por usted. Él o ella no pueden apretar un botón y listo, ya no sigue deprimido ni ansioso.

Ser feliz requiere esfuerzo de su parte.

En la terapia de la creencia errónea se le informa de entrada al paciente que el plan de acción incluye arduo trabajo de su parte para cambiar las mentiras y las creencias erróneas que lo esclavizan.

Leer este libro no hará de usted una persona diferente, pero *hacer* algo de lo que aquí se dice, sí lo hará. Esperamos que se haya convencido de que *puede* cambiar sus emociones, y que *puede* ser una persona bien adaptada y feliz, no importa lo que haya vivido hasta ahora, no importa cuáles sean sus circunstancias actuales.

¡PERO NO PUEDO CAMBIAR MI MANERA DE PENSAR!

Algunos pacientes no tienen dificultades en aceptar la verdad de que lo que se dicen a sí mismos determina cómo se sienten y cómo obran. Pero tal vez digan: «Está bien para usted, que es terapeuta, decir eso, pero yo no puedo cambiar mi manera de ser».

La creencia errónea es: *otros* pueden ser felices, *otros* pueden tener una experiencia con Dios, *otros* pueden corregir y cambiar sus creencias erróneas, *otros* pueden liberarse de la ansiedad, la depresión y el enojo, pero yo no.

Quizás hayan aprendido a creer esas mentiras por haber tenido padres criticones y acusadores, o tal vez porque se han formado el hábito de compararse con los demás y de creerse siempre inferiores. Puede haber muchas causas para tales creencias erróneas.

El drogadicto cree que no puede dejar las drogas. El obeso cree que nunca podrá bajar de peso. El neurótico depresivo dice: «No puedo hacer nada diferente».

«No lo puedo aun cuando otros pueden», son palabras mutilantes. Cambiar sus creencias erróneas va a modificar sus sentimientos y sus acciones. Usted *puede* hacerlo.

Puede haber algunas cosas en su vida que no pueda hacer. Quizás no pueda correr cien metros en diez segundos, o diez kilómetros sin parar o patear una pelota a cincuenta metros, pero *puede* cambiar sus creencias erróneas.

Tal vez se diga a usted mismo: «La terapia de la creencia errónea puede resultar con otros, pero conmigo no va a lograr nada. He probado todo y no he podido hacer que nada dé resultado en mi vida». ¿Está diciendo algo así? Cambiemos esa creencia errónea ahora mismo.

Mientras siga convencido de que no puede cambiar, no lo va a intentar. Hubo mucha gente que creía que jamás iba a cambiar. Y, sin embargo, esas personas a pesar de ellas mismas, han desenterrado y cambiado sus creencias erróneas, y el resultado ha sido vidas transformadas.

La terapia de la creencia errónea *va a dar resultado* con usted. Dará resultado aun cuando ninguna otra cosa lo haya hecho, porque su efectividad depende de leyes sicológicas claramente establecidas, que son tan universales como la ley de la gravedad. La ley de la gravedad se pone en evidencia cuando usted deja caer algo, determinando que caiga en línea recta hacia el centro de la tierra. Lo mismo ocurre con las leyes que gobiernan la relación entre la creencia y la conducta. Lo que uno cree determina cómo actúa.

NUESTRA INFANCIA

Ya hemos hablado acerca de la creencia errónea de que todos nuestros problemas provienen de nuestra infancia. Esta creencia está ampliamente difundida en gran medida a causa de la influencia de la teoría sicoanalítica de Freud, una magnífica pero en buena medida errónea teoría de la personalidad que hace algunas décadas era aceptada por la gran mayoría como la explicación definitiva acerca de la conducta humana. Sin embargo, ahora el sicoanálisis está lejos de ser universalmente aceptado entre los sicólogos y está perdiendo terreno entre los siquiatras. Muchas investigaciones científicas excelentes han demostrado que es completamente innecesario desenterrar los antecedentes infantiles de la conducta actual con el objeto de cambiarla. En realidad, el sicoanálisis freudiano puede proveer un medio para evitar el trabajo de cambiar la conducta.

Esto no quiere decir que no se comprenda mejor un problema por investigar su historia. Muchos terapeutas exploran el pasado de sus pacientes porque hasta cierto punto es importante. Comenzamos a pensar de la manera en que ahora lo hacemos en algún momento de nuestra vida, y a menudo nuestros pensamientos y creencias provienen de nuestra infancia. Algunas de las ideas y conductas perniciosas que producen nuestros sentimientos intolerables y conductas inadaptadas como adultos, fueron adquiridas en nuestra temprana edad. Tal vez nos fueron transmitidas a través de la conducta y las palabras de alguna persona significativa en nuestra infancia. Las impresiones que adquirimos en nuestros primeros años son importantes a los efectos de cambiar tanto las creencias erróneas que contrajimos entonces, como las creencias erróneas actuales acerca de nuestra infancia.

Puede ser importante examinar sus primeros años de vida por las siguientes razones:

1. Para descubrir sus creencias erróneas aprendidas en la infancia.
2. Para descubrir sus creencias erróneas acerca de los sucesos de su infancia.
3. Para examinar las cosas que se dices a sí mismo, o sea, su monólogo interno.

¿Qué se decía *entonces?*
¿Qué se dice *ahora?*

Cuando era niño quizás pensaba que sería terrible si perdía algo o si alguien era cruel con usted, o si le trataban mal injustamente. Examinar esas autoevaluaciones tempranas puede revelar algunas de sus creencias erróneas actuales.

Una vez que se descubran, puede comenzar a trabajar para cambiar sus pensamientos y actitudes actuales. Al trabajar sobre las mentiras que se dice *ahora,* puedes aprender exitosamente a ser una persona feliz a pesar de cualquier cosa que haya sucedido en su vida.

¿QUÉ HACE QUE NOS SINTAMOS COMO NOS SENTIMOS?

El estado de su bioquímica puede afectar la manera en que se siente. Hay formas de cambiar ese estado, por ejemplo, con medicamentos. Otro modo es comenzar a mantener una buena alimentación y un buen funcionamiento del cuerpo. También sus pensamientos pueden afectar su bioquímica. Así es: lo que está pensando en este preciso momento puede en realidad cambiar la composición química de las células de su cerebro y del resto de su sistema nervioso central.

¿Puede creer que las afirmaciones de su monólogo interno, en realidad, pueden alterar su conducta glandular, muscular y neural? Así es. A eso nos referimos cuando hablamos de las emociones.

Algunos sicólogos están descubriendo que la manera en que uno *piensa* influye en el modo en que se *siente*. Hablan de ello como si fuera un gran descubrimiento, una revelación de nuestros días. En realidad, esta verdad tiene miles de años. El libro de los Proverbios dice: «*Porque cual es su pensamiento en su corazón, tal es él*», y: «*Los pensamientos de los justos son rectitud*» (Proverbios 23:7; 12:5), y el libro de los Salmos habla muchas veces acerca de los pensamientos del hombre y del material que llena su mente: «Consideré mis caminos, y volví mis pies a tus testimonios» (Salmo 119:59).

Nuestros pensamientos determinan nuestra conducta. Cuando hablamos de conducta nos referimos no solamente a nuestras acciones, sino también a nuestras emociones. Jesús instó una y otra vez a la gente a creer, a tener fe, a confiar, a creer. Él dijo: «Conforme a vuestra fe os sea hecho» (Mateo 9:29).

«Fe» es una palabra que se refiere al acto de *creer*. Las afirmaciones de Jesús nos enseñan claramente que podemos esperar que ocurran algunas cosas en nuestra vida como resultado directo de la manera en que creemos.

¿Qué pasa si usted cree que su vida no tiene esperanzas y que es un total fracaso? «Conforme a vuestra fe os sea hecho», es lo que Jesús dijo.

¿Qué ocurre si cree que, a pesar de los altibajos de su vida, no es un fracaso, y nunca lo será? ¡Es imposible que sea un fracaso! ¿Qué pasa si cree que la vida es desafiante, linda y que con Cristo como la fuerza de su vida, puede tener la victoria continuamente?

«Conforme a vuestra fe os sea hecho».

No permita que nadie le convenza de que lo que piensa o se dice a sí mismo no tiene importancia. Ese era el punto básico de las enseñanzas de Jesús.

Durante la década de los 70 se hicieron muchos experimentos en sicología para demostrar que eliminar las creencias erróneas determinaba cambios en sentimientos tales como el temor y la depresión. Los sicólogos le llaman «reestructuración cognitiva» o sicoterapia emotiva racional, o alteración de las construcciones mentales de la persona. No importa qué término prefieran usar los sicólogos, todos están entusiasmados por un gran descubrimiento, un hecho que los hombres sabios conocen desde hace mucho tiempo, incluyendo los autores de las Escrituras: *Cambia las creencias de un hombre y transformarás sus sentimientos y su conducta.*

Para lograr nuestras metas, tanto en este libro como en la vida, debemos descubrir, analizar, cuestionar y reemplazar sistemáticamente las creencias erróneas de nuestra vida con la verdad.

Sin embargo, antes de comenzar, tiene que responder a la pregunta: ¿Quiere *realmente* ser feliz?

Si su respuesta es afirmativa, entonces continúe con el siguiente capítulo de este libro y ¡con el siguiente capítulo de su vida!

CAPÍTULO TRES

Las creencias erróneas en nuestro monólogo interno

¡Sí! Queremos ser felices. La tarea de que logre llegar a ser una persona más feliz y plena puede ser muy interesante si se lo permite. A veces puede resultar un poco dolorosa, a medida que toma más y más conciencia de usted mismo y de la imagen que ha venido aceptando como suya; pero, sobre todo, promete ser un período emocionante de descubrimiento y renovación para usted. Escuche atentamente, busque las citas bíblicas indicadas, y confíe en que el Señor le hará salir vencedor.

Tome un lápiz y un cuaderno ahora, ya que va a aprender estas nuevas actitudes para la vida y librarse de los viejos hábitos destructivos. Podrá observar su propio progreso y aprender mucho por las anotaciones que haga. Este capítulo comienza con una investigación sobre las afirmaciones que nos hacemos a nosotros mismos, lo que en este libro llamamos «monólogo interno».

LAS COSAS QUE NOS DECIMOS

El monólogo interno abarca todo aquello que nos decimos mientras pensamos. Incluye lo que nos decimos acerca de la gente, del yo, de las experiencias, de la vida en general, de Dios, del futuro, del pasado, del presente. Específicamente: *todas las cosas que uno se dice en todo momento.*

¿Cuáles son las mentiras y las verdades a medias que usted se repite a sí mismo? ¿Cuáles son las creencias erróneas que le tienen trastornado y le hacen sentir infeliz? Lo primero que debe hacer es identificar las creencias erróneas en su vida.

¿Dónde comienzan las mentiras y las creencias erróneas?
La respuesta está contenida en *su monólogo interno*.

Marta es un ama de casa de treinta y un años que ha venido repitiéndose cosas negativas acerca de sí misma la mayor parte de su vida. Como persona adulta, su monólogo interno negativo ha aumentado. «Son cosas inofensivas», dice ella.

Cosas como: «¡Estúpida de mí! Otra vez con mi estupidez. Esto es propio de mí. ¡Qué cosa más estúpida he hecho!» O: «Lo único que falta es que también pierda la cabeza». «Nada me sale bien». O: «No tengo interés en nada». Y termina diciendo: «Soy un cero a la izquierda. No entiendo cómo la gente puede soportarme».

Después de muchos años de experiencia con ese monólogo interno, se enfrenta a un matrimonio de ocho años hecho trizas, sus hijos con problemas de adaptación, casi sin amigos, y la familia incapaz de ayudarla. Todo el cariño y la atención que puedan brindarle no son suficiente para convencer a Marta de que es valiosa y capaz de ser amada, aunque dice que el más alto ideal de su vida es ser feliz.

Las palabras que nos decimos a nosotros son más importantes de lo que nos damos cuenta. Si se dice algo un número suficiente de veces y en los momentos adecuados, lo creerá, sea cierto o no. Las «bromas» que se decía Marta no eran en realidad eso. «Estúpida de mí», dicho con bastante frecuencia, ya no resulta gracioso.

Si uno se dice: «Nada me sale bien», con suficiente frecuencia, se encontrará con que nada le sale bien, al menos a sus propios ojos. Luego, bastarán unos pocos comentarios negativos de los que le rodean como: «Eso te salió mal *otra vez*», para que su idea de su propia inutilidad se refuerce.

Si se dice, como Marta: «No tengo intereses», se encontrarás actuando como si realmente no los tuvieras (lo que es imposible, porque nadie carece de algún interés, por más trivial o ínfimo que parezca).

El siquiatra Willard Gaylin dijo: «Una autoimagen denigrante es como un muñeco de alquitrán: cuanto más jugamos con él, cuanto más lo acariciamos, más pegados quedamos a él». Con cada frase autodestructiva que decimos, ponemos otra capa de brea en ese cada vez más grande muñeco de alquitrán que al fin podrá aferrarse desesperadamente y esclavizarnos.

Escuche las cosas que se dice a sí mismo. ¿Está construyendo un muñeco de alquitrán?

Marta pensaba que era realmente una persona sin virtudes ni valores de ningún tipo. No se veía atractiva ni interesante como persona y creía que no merecía ser querida por nadie.

Marta, dicho sea de paso, es cristiana.

Pero muy raramente, o nunca, se decía que era querida y amada por Dios, que es amor. Muy raramente, o nunca, se había puesto a enumerar sus bendiciones personales. Raramente, o nunca, le agradecía a Dios por los dones y talentos que tenía, porque se había estado diciendo durante tantos años que no tenía ninguno, que verdaderamente lo creía. Nunca se había dicho la verdad: que era única y hermosa a los ojos del Señor.

¿QUÉ COSAS SE ESTÁ DICIENDO A USTED MISMO?

En lo que sigue, señale las cosas que se está diciendo en la columna apropiada. Sea sincero.

○ Soy estúpido.	○ *Gracias, Señor, por darmze inteligencia.*
○ No tengo ningún atractivo.	○ *Gracias, Señor, por hacerme atractivo.*
○ La gente no me quiere.	○ *Gracias, Señor, por hacerme capaz de ser amado.*
○ No tengo ningún don.	○ *Gracias, Señor, por los dones que me diste.*
○ Me siento desdichado.	○ *Estoy contento.*
○ Me siento solo.	○ *Gracias, Señor, por mis amigos.*
○ Soy pobre.	○ *Gracias, Señor, por prosperarme.*
○ Estoy nervioso.	○ *Gracias, Señor, por darme paz.*

○ No tengo nada de. interesante.	○ *Gracias, Señor, por hacerme único.*
○ No valgo nada.	○ *Gracias, Señor, porque tu justicia obra en mí.*
○ Estoy enfermo.	○ *Gracias, Señor, por sanarme y darme perfecta salud*

Si ha marcado más frases en la columna de la izquierda que en la de la derecha, necesita cambiar lo que se está diciendo a sí mismo. Pregúntese con qué se está midiendo. ¿Se está comparando usted y su vida con la de algún otro que parezca mejor en algún sentido, o se está mirando a la luz de la Palabra de Dios? D. L. Moody dijo que la única manera de saber si un palo está torcido, no es discutiendo el asunto ni perdiendo el tiempo tratando de censurarlo, sino poniéndolo a la par de una varilla derecha.

El palo derecho en la vida de los cristianos es el hermoso e indestructible amor de *Cristo*. Cuando nuestros ojos pierden de vista esta deslumbrante verdad, lo único que queda para mirar son sombras. Sombras como la envidia, los celos y las comparaciones. El deseo de ser diferente, o de tener circunstancias diferentes, sobre todo las de algún *otro*, trae como resultado la infelicidad y el descontento.

No hace mucho se hizo una encuesta a 5.000 hombres y mujeres —solteros y casados— de la clase media con una inteligencia normal y superior a la promedio. La encuesta reveló que las personas solteras no eran ni más ni menos felices que las casadas, y que las casadas no eran ni más ni menos felices que las solteras. Sin embargo, se encontró que con frecuencia los solteros envidiaban a los casados. Por otra parte, los casados envidiaban a los solteros. Muchos de los casados afirmaban que eran felices porque «se suponía que debían ser felices», no porque en realidad tuvieran un sentimiento de felicidad en su vida.

Una mujer soltera dijo: «Envidio a mi amiga Ester. Ella sí que es feliz. Tiene esposo, hijos y un hogar. Tiene de todo».

Una mujer casada dijo: «Envidio a Susana. Ella está bien. Es libre de ir y venir cuándo y dónde quiere. Su tiempo le pertenece.

Su dinero le pertenece. Puede salir y hacer cosas. Es soltera, por eso es verdaderamente feliz».

¿Qué ve usted en las cosas que se dicen a sí mismas esas personas? La envidia, por lo general, no ve la realidad, no maneja todos los datos. La frase: «Me siento desdichado, él es feliz», es básicamente falsa. Todos tienen una cuota de infelicidad en uno u otro momento de la vida. Todo el mundo tiene que enfrentar dificultades y resolver problemas. Tanto Ester como Susana pueden tener vidas felices, pero ambas tienen que superar ciertas dificultades.

Imagínese a un niño que salta de alegría mientras sujeta firmemente una moneda en la mano. Su madre se la dio y lo mandó a jugar afuera. El niño se siente feliz y contento. Pero luego se encuentra con un amiguito que tiene un billete. Su moneda pierde repentinamente el brillo. Ya no se siente tan contento. Vuelve a casa y le pide a su mamá un billete y su madre se lo da. Una vez más el niño sale saltando de alegría, hasta que encuentra a otro amigo y esta vez, el amigo, tiene dos billetes. El niño pronto se siente triste. Su billete parece perder brillo a la par de los otros dos. Y vuelve otra vez a casa a pedirle a su mamá dos billetes. Cuando los consigue, se encuentra con un amigo que tiene varios billetes... y así sucesivamente.

Si no encontramos valor en lo que somos y tenemos ahora, nos diremos que somos menos importantes que los demás o que tenemos menos que ellos. Al decirnos estas cosas, creamos tensión en nuestro interior y, al luchar por ser o tener lo que creemos que otros son o tienen, siempre estamos buscando un estado de felicidad invisible e inaccesible que está fuera de nuestro alcance. Alguien en algún lugar siempre será o tendrá más que nosotros.

Carolina es una abuela de voz tierna que vive en una casa modesta que casi siempre necesita alguna reparación. Sus hijos son hombres de negocio exitosos y tienen casas que valen más del doble que la de ella. Sus esposas se visten con elegancia y tienen todas las comodidades a su disposición. Carolina no puede pagar ropas caras. Tiene un auto de segunda mano y lava la ropa a mano. Pero vive contenta y feliz. Sus nietos exclaman: «¡Abuela es la persona que más quiero!» No sólo su familia quiere mucho a Carolina, también sus amigos, vecinos y conocidos. Hay algo pacífico y generoso en ella que hace que la gente la rodee. Sus hijos se maravillan de la forma en que nunca tiene una queja. Carolina conoce el valor de las palabras del apóstol Pablo: «He aprendido a contentarme, cualquiera que sea mi situación» (Filipenses 4:11). Y las vive. La envidia no tiene ningún lugar en su vida.

Un muchacho que perdió una pierna en Vietnam puede alabar a Dios por las bendiciones que recibe y logra llevar una vida productiva y eficaz a pesar de su pérdida. Se dice a sí mismo: «Puedo hacerlo. Tengo mucho que dar».

Una mujer de mediana edad, que perdió a su esposo y tres niños pequeños en un accidente de aviación en un vuelo privado, encuentra valor y fuerza en Cristo para seguir adelante y para llevar una vida plena ayudando a otros; además, es de bendición para los que padecen necesidad. Ella se dice a sí misma: «Siempre voy a extrañar a mi familia, pero no quiero prolongar el dolor y el sufrimiento más allá de los límites de la voluntad de Dios. Es su voluntad que yo pueda ser feliz y útil... y lo soy».

La lengua apacible es árbol de vida; mas la perversidad
de ella es quebrantamiento de espíritu (Proverbios 15:4).

Decida decirse verdades en su monólogo interno. Cuando se escuche decirse algo erróneo acerca de usted mismo, *deténgase*. Usted puede hacerlo. Simplemente diga en voz alta: «No; no quiero decir eso. No es verdad».

Juana, una mujer soltera de veintiséis años, nos refirió el siguiente acontecimiento de su vida: «Había vuelto a instalarme en la casa de mis padres luego de dejar mis estudios. Estuve ausente de casa por varios años y ya no conocía a nadie en el vecindario. Todo me parecía extraño. Mi padre me insistía en que buscara un trabajo, pero yo no sabía bien lo que quería hacer. En lo profundo de mi mente pensaba que lo mejor sería casarme y escapar de todo, pero ni siquiera tenía un pretendiente. Así que, una noche estaba en mi cuarto sin hacer nada cuando escuché una voz desde lo profundo de mi mente. En un tono alto y quejoso, decía: "Me siento muy sola". Me senté en la cama y a los pocos minutos me encontré suspirando, en ese mismo tono de voz, quejoso y alto:

"Me siento muy sola", tal como lo había oído desde lo profundo de mi mente. Me asusté mucho. Salté de la cama y grité: "*No estoy sola. Esto es ridículo. No estoy sola. ¡No quise decir eso!*"»

Juana fue lo suficientemente lista como para reconocer un pensamiento erróneo. Es probable que pudiera haber encontrado suficiente evidencia para apoyar la idea de que estaba sola, pero eligió buscar evidencias para demostrar que *no lo* estaba. Así que se dijo en voz alta: «*No estoy sola*», y resistió la tentación de expresar en palabras el pensamiento engañoso. No comenzó a construir el muñeco de alquitrán que podría haberle traído mucho sufrimiento innecesario más adelante.

Todos podemos decirnos que nos sentimos solos, ineptos o incapaces, en un momento u otro de nuestra vida. Una deslumbrante actriz de Hollywood, la envidia de muchas mujeres, fue hallada muerta en su cama con una nota que explicaba el suicidio: «No tengo esperanzas». Una brillante poetisa de considerable éxito literario pensaba que era un fracaso a pesar de las distinciones que había obtenido en sus trabajos y de la fama que había logrado. En lo mejor de su carrera, en total desesperación, se suicidó.

Estos ejemplos demuestran que hace falta algo más en la vida. Algún sentido y satisfacción que estén más allá de lo que aparece superficialmente. Demuestran la necesidad de una relación espiritual con el Dios que nos creó y con su Hijo Jesucristo que nos redimió. La liberación del autodesprecio y de la desesperación se puede obtener por medio de la fe en Cristo. El cristiano tiene acceso a los resultados dinámicos de prácticas tales como:

> *...todo lo que es verdadero, todo lo honesto, todo lo justo, todo lo puro, todo lo amable, todo lo que es de buen nombre; si hay virtud alguna, si algo digno de alabanza, en esto pensad (Filipenses 4:8).*

Y como:

> *Derribando argumentos y toda altivez que se levanta contra el conocimiento de Dios, y llevando cautivo todo pensamiento a la obediencia a Cristo (2 Corintios 10:5).*

A Dios no le agrada que usted hable mal de alguien, o más bien, no le agrada que hablemos mal. Hablar de uno mismo de una manera destructiva o despreciativa es, ante los ojos del Señor, pecado.

Guarda tu lengua del mal, y tus labios de hablar engaño [lo mismo de ti que de cualquier otro] (Salmo 34:13).

Apártate del mal [de decir cosas malas y creer pensamientos malos acerca de ti mismo y de cualquier otro], y haz el bien; busca la paz, y síguela (Salmo 34:14).

Buscar la paz implica elegirla. Nunca tendrá paz si continuamente se está despreciando. La persona que tiene paz es aquella que la tiene, en primer lugar, consigo misma. Dag Hammerskjold indicó: «El hombre que esté en guerra consigo mismo, estará en guerra con los demás». Cuando usted se aprecias a sí mismo, será libre de apreciar y valorar a los otros. Si es duro con usted mismo, será duro con los demás.

Apunte en su cuaderno de notas las cosas que se dice acerca de sí mismo todos los días. Escuche sus pensamientos y sus palabras. Recuerde, cualquier pensamiento que refleje desesperanza, odio, temor, amargura, celos o envidia, es un pensamiento originado en la falsedad demoníaca. Son estas palabras y pensamientos los que debe cambiar y eliminar de su vida.

¿Está preparado para empezar a trabajar? Comencemos examinando algunos males comunes y las creencias erróneas que van asociadas con ellos. Fíjese cuántos reconoce como propios.

CAPÍTULO CUATRO

Las creencias erróneas respecto a la depresión

Una de las causas más comunes de sufrimiento sicológico es la depresión. Muchos pacientes que acuden a sicólogos y siquiatras en todo el mundo, reciben diagnósticos de «neurosis depresiva», «sicosis depresiva», «sicosis involucional», «maniático depresivo» o simplemente «deprimido», además de otros diagnósticos con síntomas de depresión. Sin embargo, peor están los millones de personas que, por diferentes razones, no tienen la ventaja de una ayuda sicológica o pastoral, y luchan durante largos y desdichados días de depresión, pensando que no hay salida alguna para ellos.

La Biblia habla de los deprimidos como de los de «alma abatida». En el Salmo 42 podemos sentir la agonía en las palabras: «Mi alma está abatida en mí», y: «¿Por qué te abates, oh alma mía?» Y luego, una traducción de 2 Corintios 7:6 dice, en tono triunfante, que Dios consuela a los abatidos.

Los antiguos padres de la Iglesia tenían otra palabra para la depresión. La llamaban «pereza». La consideraban uno de los siete pecados mortales, junto con la codicia, la ira y la lujuria. Describían a la pereza como «la aflicción del corazón y la falta de disposición para enfrentar cualquier actividad que requiere esfuerzo».

Hoy en día no describimos en los mismos términos a la depresión. ¿Qué es realmente la depresión? Se la puede describir desde varias perspectivas. Si observas tu estado bioquímico cuando estás deprimido, tu metabolismo, la conducta de los músculos lisos y las glándulas, verás que no sólo tu conducta verbal y motriz es la que tiene síntomas depresivos.

La depresión ocurre casi siempre por algún motivo. La mayoría de las creencias erróneas que producen depresión entran en la corriente del monólogo interno, después que ha habido alguna pérdida.

Muchas veces el paciente no puede explicar por qué está deprimido. «No sé por qué me siento así», suele decir. «Sencillamente siento que no puedo hacer nada en absoluto. No tengo ganas de hacer nada. Lloro todo el tiempo. No duermo bien, no tengo energía ni interés en nada... no sé por qué...» Por lo general terminan con una voz tan débil que se pierde, suspiran, se hunden en el asiento o simplemente se quedan mirando el piso.

A pesar de la falta de habilidad del deprimido para explicar por qué ha llegado a ese estado, es extremadamente raro que la depresión se produzca sin alguna causa especial. Las creencias erróneas que provocan la depresión pueden ser activadas por un solo hecho. Un hecho que represente una pérdida. Alguien querido se va o muere. O pueden ser dificultades económicas y pérdida de dinero. Una enfermedad física, la edad, un accidente, un ataque al corazón o la pérdida de la fortaleza física. La separación y el divorcio son frecuentes causas de depresión, así como otras situaciones en las que se provoca el rechazo, el temor, el autodesprecio.

Cualquiera de estas circunstancias puede ser una oportunidad para que el diablo infiltre algunas sugerencias en el monólogo interno. Un estudiante podrá decirse: «Vamos, la verdad es que soy un estúpido. Desaprobé el examen de matemáticas. ¿Qué hago aquí en la universidad? Estoy perdiendo el tiempo. ¡Nunca llegaré a nada!» El ejemplo anterior muestra las tres creencias erróneas que se conocen como la tríada de la depresión.

Hechos desencadenantes, seguidos de un monólogo interno basado en diversas *creencias erróneas:*

1. *La persona se desvaloriza:*	«Pero, ¡qué estúpido soy!»
2. *La persona desvaloriza*	«En suma, la vida me resulta una *la situación:* carga. No hay nada que valga la pena hacer; no entiendo por qué me levanto de la cama cada día».
3. *La persona desvaloriza sus posibilidades para el futuro:*	«¡Nunca lo lograré! Nunca llegaré a nada. No hay esperanzas en la vida».

Si usted se repite estas cosas el tiempo suficiente, se encontrará actuando de acuerdo a ellas. Cuando llegue el momento de otro examen de matemáticas, el estudiante puede sentir pánico, hundirse nuevamente en la depresión y sentirse impotente, incluso puede abandonar la facultad antes de finalizar el trimestre debido a sus *creencias erróneas:* no a causa de algo real u objetivo.

Una mujer de treinta y siete años, llamada Julia, fue a ver a un consejero cristiano a raíz de que estaba pasando por una grave depresión. Dos meses atrás, su prometido había anulado el compromiso y había terminado con ella. Según ella dijo, apenas podía seguir viviendo, nada le parecía tener sentido.

Desde la primera entrevista se vio que era una mujer inteligente, atractiva, encantadora; sin embargo, insistía en que su vida había acabado y que no tenía lógica seguir adelante.

Habló acerca de cómo había perdido interés en su trabajo, de su falta de apetito, de su escaso interés por hacer nada que no fuera dormir. «La vida es una carga», decía con indiferencia.

Sus amigos habían tratado de consolarla diciéndole cosas como: «Debieras estar agradecida por haber descubierto la verdad acerca de tu novio, antes de que fuera demasiado tarde y te hubieras casado con él. Entonces sí que te habrías metido en un callejón sin salida». O bien: «Si esa es la clase de persona que es, es mejor que no tengas nada que ver con él», y: «Mejor es que te quedes soltera antes que te cases con un tipo inconstante y poco confiable». Julia estaba de acuerdo con todas esas cosas, pero ninguna lograba ayudarla.

Su sistema de ideas estaba tan atestado de creencias erróneas que no podía responder en forma positiva a los consejos con sentido común de sus amigos. Durante varios años había temido convertirse en una solterona. Pensaba que tal vez había algo raro en ella, abrigaba temores y preocupaciones por la posibilidad de que no fuera atractiva y agradable para los hombres; de lo contrario, ¿por qué seguía soltera todavía? Este compromiso, se decía a sí misma, había sido la cosa más maravillosa que le había ocurrido en la vida. Había sido su última oportunidad para ser feliz por siempre jamás.

Su monólogo interno incluía: «Si esta vez me va mal, terminaré siendo una solterona. Sería espantoso si me quedara así. ¡Terrible! Tan terrible que no podría soportarlo». Se había esforzado mucho para agradar a su prometido, tratando de hacer todo «bien». Estaba determinada a ser lo más grandioso que él jamás hubiera conocido, a ser su «Miss Perfección», la novia de sus sueños.

Puesto que había hecho tanto esfuerzo por ser como pensaba que él quería que fuera, se sintió mucho más desgraciada cuando él la dejó. Se decía a sí misma: «Hasta lo mejor que hago no vale nada. No podré soportar una vez más. Todo terminó para mí. Nadie volverá a quererme. Aun cuando hice todo lo que pude para que un hombre me apreciara, me abandonó. Soy lo peor que hay... Soy lo más bajo que existe».

Aquí volvemos a ver la tríada:

1. *Desvalorizarse a sí mismo:*	«Hasta lo mejor que hago no vale nada. Aun cuando hice todo lo que pude para que un hombre me apreciara, me abandonó. Soy un desastre. Soy lo más bajo que existe».
2. *Desvalorizar la situación:*	«Todo terminó para mí» (con lo que quiere significar que siendo una persona tan inútil, nadie podrá quererla, y por ello la vida le resulta totalmente sin sentido y negativa, una carga).
3. *Desvalorizar las posibilidades para el futuro:*	«Nunca seré feliz, no tengo ninguna esperanza. Todo terminó para mí. Nadie volverá a quererme».

Las creencias erróneas de Julia son: que es un fracaso y que no vale nada; que es culpable de lo que le ocurre y que es inadecuada, que su situación es insoportable y carece del más mínimo indicio de esperanza, que su futuro tampoco tiene esperanzas y más le valdría caerse muerta.

A lo largo de muchos años de monólogo interno, se ha convencido a sí misma de que quedarse soltera sería terrible, y que ser rechazada, especialmente por alguien a quien trató de agradar con desesperación, es lo más espantoso del mundo. (¿Cómo pudo hacerme eso después que hice todo lo que pude? Lo mejor de mí no vale nada para nadie.)

Los espantosos temores de Julia se hicieron realidad. Se dice a sí misma que ha sido abandonada, humillada, que es inútil, que no puede ser querida, que es fea y que no tiene esperanza. «Ser la persona que soy es lo más espantoso que puede ocurrirme».

En realidad, lo más espantoso en la vida de Julia es el montón de mentiras que aloja su sistema de ideas, sus creencias erróneas. Esas son lo espantoso, no Julia.

Julia tiene muchas virtudes, entre ellas el don de enseñar a niños físicamente impedidos. Tiene muchos amigos y en la escuela donde ha enseñado durante varios años, la respetan mucho. Pero Julia es cristiana, y los cristianos no necesitan basar su lógica en logros ni en virtudes. Aun sin logros, ni virtudes, ni atractivos, el cristiano puede saber con absoluta seguridad, que es importante y amado. Hemos sido comprados con la sangre de Cristo, lo cual implica que estamos liberados de la presión de tener que *ser* alguien, *hacer* algo, *tener* algo, *lograr* algo, o *probar* algo para ser importantes o queridos. Podemos hacer todas esas cosas o no hacerlas, pero lo mismo somos importantes y queridos.

Jesús amó tanto a Julia que estuvo dispuesto a morir en la cruz para darle vida eterna con él un día, además de una vida plena aquí y ahora. Si Julia no vale nada en absoluto, como ella afirma, entonces ninguna de las cosas que dice Dios acerca de su amor por las personas puede ser verdad.

Pero la Palabra de Dios *es* verdad, por lo que Julia tiene que enfrentar este hecho con seriedad. Ante Dios, Julia es valiosa y útil, y esto mismo vale para todo ser humano. El valor de una persona no reside en el éxito ni en los logros. No depende de nuestra actividad, ni de las realizaciones que alcancemos, ni siquiera del número de personas que nos quieren y nos respetan. Nuestro valor reside única y exclusivamente en la siguiente declaración de Dios: «Porque de tal manera amó Dios al mundo…» *Dios ama a la gente*. Ninguna circunstancia, por terrible que sea, puede cambiar esa realidad. El engaño y el sufrimiento no provienen de la mano de Dios, sino de la mano del hombre mismo.

Es una creencia errónea decirse a uno mismo que es un fracaso. En efecto, es muy raro que una persona no pueda hacer nada en absoluto. Julia se decía que era un fracaso porque no había podido retener a su prometido. Pero eso no significa que hubiese fracasado en todas las demás esferas de la vida. Hizo una generalización a partir de un solo elemento.

La persona que está deprimida se dice a sí misma que su situación no tiene salida. «Me abandonó, ya no soy nadie», dice Julia. «Mi vida no tiene ningún sentido ni valor». Una vez que el enemigo, el diablo, ha conseguido que una persona se convenza profundamente de la mentira de que algo o alguien, en lugar de Cristo Jesús, es la base de su vida, se convierte en presa fácil del paralizante sufrimiento que causan las creencias erróneas.

Nuestra vida tiene significado porque Dios nos ama y porque le pertenecemos a él. Nuestra vida no depende de que otro nos ame, esté con nosotros, nos respete, nos tenga en cuenta o nos manifieste eterna devoción. Es bueno tener amigos y ser querido, pero eso no es lo que nos hace importantes. Si usted cree que no puede vivir sin determinada persona o que toda su existencia depende de algún otro, se está exponiendo a ser golpeado por las *creencias erróneas*. Si esa persona le deja, o debido a las circunstancias se encuentra solo, comenzará a decirse cosas como: «Mi vida no tiene ningún sentido. No vale nada». «Desde que perdí a fulano de tal, mi vida no vale nada. No soy nadie ahora que no tengo a zutano».

Eso es completamente falso. No está reaccionando contra la partida de esa persona, sino contra su *creencia errónea*. Escuchamos constantemente canciones populares con letras como la que sigue: «Tú eres mi existencia, sin ti no puedo vivir. La vida sin ti no tiene sentido. Moriría si no fuera por ti». Los romances en nuestras pantallas y en la literatura popular nos muestran que el amor significa creer que toda la felicidad y el aliento vital dependen de alguna otra persona, del afecto y la aceptación recíproca.

RETALIACIÓN CONSIGO MISMO

La forma que tienen algunas personas de combatir la depresión es decirse de continuo: «Yo soy *yo,* soy *alguien.* No voy a permitir que nadie se me meta en el camino ni interfiera con lo que *yo* quiero y necesito. Después de todo, soy un *ser humano. Soy yo,* el gran espectáculo de la vida y soy el actor principal, la estrella de este número. Sí señor, *soy yo,* el gran personaje. Se vive una sola vez esta vida y le voy a sacar el jugo, porque se pasa una sola vez por este camino, y si no me ocupo de conseguir lo que necesito, ¿quién lo hará por mí? Si me quieres, muy bien; y si no, me es igual».

Esta filosofía es costosa, puesto que no hay manera de amar a otros si se es la estrella del gran espectáculo; sólo *yo,* y siempre *yo,* hasta el fin.

Cristo Jesús es la base de nuestra vida, no lo somos nosotros, ni lo es otra persona o varias personas. Cuando nos convertimos en hijos de Dios, el gran *yo* muere, y hay un cambio, dulce como el amanecer, por lo que cambiamos banderas. El viejo y gastado *yo,* por el nuevo y flagrante *él.* El monólogo interno que degrada a otros, nos degrada a nosotros mismos. No podemos socavar la importancia de otras personas y sobrestimar la nuestra, sin caer en dificultades.

ME HIRIERON Y PERMANEZCO HERIDO

Muchas veces, cuando una persona ha sido herida por otra debido a creencias erróneas tales como: «La gente debiera quererme y tratarme bien», ese individuo reacciona de la siguiente manera. En lugar de admitir el enojo o el dolor, se dirá a sí mismo: «Nunca volveré a ser tan estúpido, nadie volverá a hacerme algo así».

Tal vez se esté diciendo cosas de las que ni siquiera está consciente hasta que no comience a escucharse con atención. La persona que ha sido abandonada por otra puede tender a creer que el rechazo es la peor cosa del mundo. Ser rechazado es sin duda desagradable, pero *no* es lo peor del mundo.

Escuche su monólogo interno y luego dedíquese a decirse cosas verdaderas, con sinceridad y valor.

Cosas verdaderas como: «Esto es duro. No me gusta. No es lo que deseaba y en verdad no me causa ningún deleite». Fíjese que no estamos mintiendo nada respecto a la realidad de la situación, no estamos diciendo: «Bah, esto no me hace sufrir en absoluto, ¿qué me importa si me rechazas?»

Estamos diciendo la verdad, no haciendo afirmaciones estúpidas como que carecemos de las emociones con las que todo ser humano nace. Si usted se corta un dedo, dice: «¡Ay!» Cuando su corazón sufre, es lógico decir: «Me duele».

Pero allí no termina el asunto. Muchos consejeros sólo llegan hasta aquí. Aconsejan: «Admite que sufres. Luego olvídate y a otra cosa». Pero, ¿qué hace usted inmediatamente después?

Tiene que *continuar* diciendo cosas verdaderas acerca de su sufrimiento. Aquí hay algunas otras verdades que reemplazan las mentiras que crean la angustia y la dejan en carne viva:

- Es verdad que me siento mal. Pero es sólo *desagradable,* no es el fin del mundo.
- No es el fin del mundo porque no lo permito que sea. Voy a permitirme sufrir un poco, porque es saludable; pero *no* voy a permitir llegar a sentirme angustiado, desgraciado, arruinado ni desesperado.
- Yo tengo el control de esta situación. Dios me creó como un ser con emociones, y por ello es normal que las tenga. Pero Dios también me ha dado el fruto del Espíritu: el dominio propio. De modo que voy a dominar mis emociones para que ellas no me dominen a mí.
- Estoy enojado. Sin embargo, puedo manejar mi enojo en la forma saludable que establece la Biblia. No me voy a engañar a mí mismo con este sentimiento, ni trato de aplastarlo ni de reprimirlo... Tampoco soy persona de tener rabietas. Decido dominarme.

Cuando perdemos algo o alguien que es importante para nosotros, sentimos dolor. Pero si ese dolor se convierte en desesperación y en depresión, y continúa así por semanas y meses, la causa no es la pérdida, sino alguna creencia errónea. Hay dos creencias erróneas que apoyan o apuntalan este tipo de desesperación:

1. Dios no es la fuente de vida, sino el hombre.

Cuando nos sentimos abatidos por una pérdida, nos estamos diciendo que la persona o cosa que perdimos era fundamental para nuestra vida y nuestra felicidad.

La falsedad reside en el hecho de que nada ni nadie, sino Dios, es fundamental para el hombre. Esta verdad se revela en el primer mandamiento: Amarás al Señor tu Dios y no tendrás ningún otro dios aparte de él.

Adjudicar la total plenitud de Dios a alguna persona es idolatría, y la base de la idolatría es el engaño y las creencias erróneas. El apóstol Santiago escribió: «...no erréis. Toda buena dádiva y todo don perfecto desciende de lo alto, del Padre de las luces» (Santiago 1:16-17). Los dones verdaderamente buenos y perfectos no vienen de alguna cosa o persona sino de Dios. Dios es el dador de todo bien y del amor. Es *él* quien nos da nuestras relaciones y nuestras bendiciones. La segunda creencia errónea es:

2. Desde que perdí a fulano de tal el mundo no tiene ningún significado para mí.

La experiencia misma se ocupa de demostrar lo contrario. Muchos de nosotros nos hemos dicho alguna vez «no puedo vivir sin» alguna persona, cosa, esquema o idea. Luego, este adorado «sea lo que fuere» desaparece de nuestra vida y, misterio de los misterios, nos recuperamos. Algunas personas que no conocen los métodos que estamos aprendiendo en este libro, prolongan su sufrimiento. Continúan murmurando la frase destructiva e impía «sin fulano de tal no soy nadie».

Pero muchos de los que han tenido pérdidas en su vida se recuperan y encuentran alternativas satisfactorias y emocionantes. «Solía pensar que mi salud me era indispensable», dice un exjugador de fútbol. «Cuando perdí lo que consideraba esencial para la vida, creí que moriría». El apuesto exatleta había perdido ambas piernas en un accidente, sin embargo, descubrió que tenía muchos otros intereses. Se graduó de sus estudios con distinciones y llegó a ser un excelente músico. Se ha casado y trabaja como biólogo. Aunque encuentra muchas dificultades debido a su impedimento físico, estos problemas no lo convierten en una persona desesperada o inútil.

Un famoso artista fue puesto en una prisión nazi durante la Segunda Guerra Mundial. Cuando supieron que era artista, sus enemigos le cortaron la mano derecha. Esto podría haber significado el fin de su mundo para él, pero se dedicó a aprender a dibujar con la mano izquierda. Pudo luego seguir con su carrera productiva como talentoso artista.

Una persona puede perder la salud, la reputación, la vista, el oído, las piernas, las manos, los miembros de su familia, el dinero, la casa, el atractivo, los planes y metas para la vida, y sin embargo, se puede recuperar y seguir viviendo una vida significativa y llena de recompensas.

Cuando se sufre una pérdida de cualquier tipo en la vida, se siente el vacío de la pérdida, pero la clave para la recuperación es dejar de repetirnos que alguien o algo son tan importantes para nosotros que no podemos seguir adelante sin él o ello. Se *puede* seguir. *Usted es* importante. El himno de Martín Lutero contrasta esta creencia errónea con la verdad que ha sido probada por la experiencia.

> Con furia y con afán, acósanos Satán.
> Por armas deja ver astucia y gran poder
> Cual él no hay en la tierra.
> Que muestre su vigor, Satán y su furor;
> Dañarnos no podrá, pues condenado es ya,
> Por la Palabra Santa.

Parte del monólogo interno de casi todos los deprimidos incluye la siguiente afirmación: «No tengo esperanzas para el futuro». Julia, al perder a su prometido, se decía que sin duda alguna tendría que vivir toda su existencia sin casarse y sin familia, que nunca encontraría a nadie que lo reemplazara, y que aunque conociera a algún otro hombre bueno, nunca podría retenerlo, porque ella misma era un fracaso.

La persona deprimida piensa que nunca podrá ser feliz sin aquello que ha perdido. Julia se decía que nunca conocería la felicidad si no se casaba. Muchos solteros sufren con esta creencia errónea. «Sólo conoceré una vida plena si me caso». Si esa frase va seguida de la idea: «Nunca me casaré; nadie jamás me querrá», habrá dificultades. «Todo lo que puedo esperar de la vida es frustración e insatisfacción», será la siguiente frase del monólogo interno de esa persona.

Examine esas frases y verá las creencias erróneas que contienen. Para comenzar, nadie puede predecir el futuro con toda certeza, mucho menos una persona cuya predicción está influenciada por el sufrimiento y la desesperación que produce la depresión. No podemos predecir que todos los momentos de nuestra vida serán felices o enriquecedores, ni tampoco podemos predecir que todo lo que sigue será oscuridad y depresión.

La vida en cualquier momento ofrece una mezcla de placer y dolor, de cosas deseables e indeseables, de plenitud y desilusión. Algunas experiencias son más gratificantes de lo esperado, pero también las hay que son peores. Cualquiera que prediga que la vida será siempre horrorosa, está tan errado como si predijera que si se tira una moneda hacia arriba cien veces, las cien veces caerá en cruz.

En realidad, aunque casi todas las personas deprimidas se dicen a sí mismas que siempre se sentirán desoladas y hundidas, *virtualmente todas se recuperan.* Es una ayuda predecir la recuperación cuando se está sufriendo depresión, o cuando se está aconsejando a un deprimido. Es así, porque la recuperación de la depresión es, en realidad, el resultado más probable. Hable la verdad y diga: «Aun cuando siento que no tengo esperanzas, estoy seguro de que me voy a recuperar. Gracias a Dios, estos sentimientos de depresión no durarán para siempre». Haga con nosotros la siguiente oración:

Querido Señor, gracias por darme sentimientos. Gracias por permitirme sentir dolor al igual que alegría. Gracias por impedir que me convierta en víctima de mis propias emociones. Gracias porque te ocupas de mí a pesar de que muchas veces no me doy cuenta de ello. Ahora decido, en el poderoso nombre de Jesús, decirme la verdad a mí mismo, en vez de continuar diciéndome las creencias erróneas. Yo pertenezco al Señor, lo mismo que mis emociones.

En el nombre de Jesús, amén.

Las creencias erróneas
respecto al enojo

María estaba resentida con su esposo, Luis, desde hacía varios años. Por lo menos una vez por día se decía a sí misma cosas como: «No lo aguanto más» y: «Estoy desperdiciando mi vida con él».

Su esposo era un predicador que hacía advertencias desde el púlpito para que la gente permaneciera en el amor fraternal, viviera en humildad y honrara a sus vecinos más que a sí mismos. Pero en casa era quejoso, criticón, hiriente y continuamente comparaba a su esposa con otras mujeres más jóvenes y atractivas. Ella se sentía insignificante, incómoda y muy enojada.

María no hablaba con nadie acerca de sus sentimientos, pero había muchos indicios que manifestaban lo irritada y herida que vivía.

Se sentaba en la banca, semana tras semana, escuchando los sermones de Luis, pero en su interior se retorcía y contraía los músculos. Le venían dolores de cabeza que la dejaban en cama y terminaba sollozando del dolor. Luis consideraba esos dolores de cabeza una farsa para llamar su atención. Predicaba acerca del amor y del perdón y pasaba horas aconsejando en su estudio acerca del amor; pero en casa era impaciente, criticón y hasta cruel. La cara y la personalidad que ofrecía a su feligresía eran completamente diferentes de las que presentaba en su hogar.

Pasaban los años y María y Luis seguían aparentando frente al público ser un matrimonio feliz, cuando en realidad estaban peor que las parejas que venían a solicitar *su* ayuda.

Muchos cristianos tratan de luchar contra el enojo como un simple problema moral. «El enojo es algo malo», dirá una dulce maestra de escuela dominical a su clase. «Niños, el enojo es un pecado, ¡no deben enojarse!».

«Tienes que hacer desaparecer el enojo de tu vida», dice el moralista. «Líbrate del enojo y serás una persona feliz».

Pero el problema del enojo es más complejo. Como los impuestos, el enojo no desaparece con esa facilidad, aunque uno decida que así debiera suceder. Y al igual que su cabello o su nariz, los sentimientos de enojo son parte de su naturaleza humana.

Hay una diferencia entre estar enojado y manifestar enojo contra otra persona. Hay una diferencia entre ser severo y ser agresivo. Hay una diferencia entre ser capaz de decir la verdad con sinceridad y ser hiriente.

María creía que tenía todo el derecho de estar amargamente enojada con su esposo Luis. Pensaba que tenía el derecho de *continuar* enojada mientras su esposo se negara a cambiar sus hábitos. Estaba arruinando su salud física y emocional.

Tanto Luis como María tenían ciertas expectativas entre sí y creían que tenían todo el derecho de exigir que se cumplieran.

En concreto, María se decía a sí misma cosas como estas:

1. Es ofensivo e insoportable ser tratada injustamente por el propio esposo, más aun siendo pastor.
2. Tengo el derecho de *exigir* que mi esposo nos trate, a los chicos y a mí, con amor, ternura, consideración y bondad.
3. Puesto que Luis es mi esposo, me *debe* su amor. Debería comportarse de la manera que la Biblia prescribe para los esposos: debería amar a su esposa como Cristo ama a la iglesia.
4. Es horrible que mi esposo me critique y me compare desfavorablemente con otras mujeres. Esa conducta es espantosa y absolutamente insoportable.

María había visitado el Centro Cristiano de Servicios Sicológicos a causa de sus dolores de cabeza.

—María, parece que te estás diciendo a ti misma que tienes el derecho de exigir de Luis que sea un buen esposo —le dijo el doctor Backus luego de escuchar acerca de algunos de sus síntomas.

—Por supuesto, doctor —dijo mirándolo sorprendida—. ¿No cree usted que es así?

—María, cuando te casaste esperabas que tu esposo fuera bueno, considerado y consciente. Pero eso no es lo mismo que tener la garantía de Dios de que tu esposo cumpliría esas expectativas.

—¿Y por qué no? Yo soy considerada con *él*. Tengo en cuenta *sus* sentimientos. Nunca lo comparo con otros hombres. Lo apoyo. Soy amable con él. ¿Por qué no puede tratarme de la misma manera?

—No sé por qué Luis se comporta como lo hace. Pero sí sé que aparentemente tú no has logrado hacerlo cambiar.

—¡Pero ya no aguanto más!

María estaba a punto de llorar y se apretaba la frente con los dedos indicando que estaba comenzando a dolerle la cabeza.

—María, muy rara vez la gente hace lo que *debiera hacer,* simplemente porque otros así lo quieran. Rara vez una esposa o un esposo se vuelve constantemente bueno y amante sólo porque su cónyuge espere que sea así.

—Pero debiera practicar lo que predica. ¿Qué de lo que él dice acerca de que la caridad empieza por casa? ¿Qué me dice del montón de cosas que le enseña a la congregación acerca de la humildad y el amor? A veces me dan ganas de reírme a carcajadas cuando lo escucho predicar.

Las lágrimas ahora bañaban su rostro. Se retorcía las manos en señal de frustración.

Aunque no queremos justificar la conducta de su esposo, María necesitaba diferenciar entre lo que *debería ser* y lo que realmente *era*. No es difícil observar a nuestro alrededor la diferencia entre lo que *debiera* ocurrir y lo que *realmente* ocurre. Vivimos en un mundo de pecado. El hecho es, como lo enseña claramente la Biblia, que «no hay hombre justo en la tierra, que haga el bien y nunca peque». No existe ningún lugar sobre la tierra que sea completamente sano y libre de pecado.

Sin embargo, muchas personas pasan por la vida sufriendo dolores de cabeza, úlceras y presión sanguínea alta porque los demás no son perfectos. Confunden lo que *debiera* ser con lo que *realmente es*. Cada vez que otra persona los trata injustamente, se dicen a sí mismos que tienen todo el derecho de enfurecerse y de permanecer de ese modo.

—María, ¿qué sentido tiene que te estés diciendo continuamente lo que Luis *debiera ser?* —María escuchaba descontenta—. Si tantos años de andar preocupada por sus defectos no han cambiado las cosas, y sólo te han hecho sentir desdichada, ¿no sería mejor que comenzaras a decirte la verdad?

Frunció las cejas:

—¿Qué verdad?

—Que no importa lo que Luis *debiera ser* o cómo tú desearías que te *tratara* a ti y a los niños. El hecho es que *te trata* a ti y a los niños de una manera que consideras injusta y deplorable. En lugar de decirte constantemente lo desastrosa e insoportable que es tu vida, ahora mismo puedes decidir dejar de enfermarte por su conducta.

—Pero trata a todos los demás mejor que a mí, incluyendo a la organista, al director del coro, a las maestras de escuela dominical y a las esposas de los diáconos. ¿Qué quiere decir con eso de *enfermarme?*

No era la conducta de su esposo lo que hacía enfermar a María, sino su propio monólogo interno.

—Suponte que dejaras de decirte a ti misma lo terrible que es que tu esposo no te trate de la forma que desearías que lo hiciera. Suponte que te dijeras a ti misma que, aun cuando él no sea como tú quieres que sea, y aunque tu situación es verdaderamente desagradable, no tiene sentido que te preocupes por algo que no has podido cambiar.

María seguía en silencio.

—La gente logra vivir bastante bien con algunas situaciones muy poco deseables. Casi nadie tiene todas las cosas que quisiera tener.

—Sí, sé de otros matrimonios que tienen grandes problemas.

—Casi la mitad de los matrimonios estadounidenses terminan en divorcio. Y una buena parte de la otra mitad tiene problemas.

Estimado lector: *Si se está diciendo que debiera tener un matrimonio perfecto para no sentirse desgraciado y trastornado, se está diciendo una creencia errónea.*

María aprendió a librarse de su enojo y de sus dolores de cabeza, al descubrir cómo cambiar su monólogo interno. Aprendió la diferencia entre la verdad y las creencias erróneas. Lo que sigue es una copia de una página de su cuaderno de notas.

CREENCIA ERRÓNEA	VERDAD
1. Es terrible tener un esposo como Luis.	1. Luis es el esposo que Dios me ha dado, aunque preferiría que obrara de otro modo, puedo vivir con él sin estar continuamente reclamándole cosas que, de todos modos, nunca se cumplirán.
2. Es imposible ser feliz con Luis si no cambia.	2. Sería muy lindo si cambiara. Pero no es esencial para mi felicidad personal.
3. No lo aguanto más.	3. Puedo tener una vida plena y satisfactoria aun cuando Luis no me trate como yo desearía que lo hiciera. Mi vida puede ser plena y gozosa aunque nunca cambie.
4. Estoy desperdiciando mi vida con él.	4. No estoy desperdiciando mi vida. Creo que Dios puede obrar en el corazón de Luis y convertirlo en la persona que él quiere que sea. También creo que Dios está obrando en mi corazón y haciendo de mí la persona que quiere que yo sea.

María enfrentó la realidad. Descubrió que la conducta de su esposo *no* era tan terrible, aunque sí era desagradable. Aprendió a discernir cuándo sus expectativas respecto a los demás no eran realistas. No es el fin del mundo si otros no son considerados, bondadosos o atentos con nosotros. Simplemente es desagradable.

Si la conducta de su esposo para con ella no era una fuente de alegría, podría encontrar otras actividades y ocupaciones valiosas y significativas que le produjeran satisfacciones. No dependía de su esposo para que la hiciera feliz comportándose como ella quería que él lo hiciera. Podía vivir con la persona que él realmente era.

No fue fácil al comienzo. María había vivido con un sentimiento de culpa por su enojo durante mucho tiempo; pero poco a poco, a medida que comenzó a estimarse a sí misma, empezaron a disminuir no sólo el enojo, sino también el sentimiento de culpa. Comenzó a buscar las buenas cualidades de su esposo y a apreciar ciertas cosas de él que nunca antes había notado. Como resultado de ese cambio en su conducta, Luis empezó a disfrutar de la compañía de María. Durante muchos años, él había percibido la desesperación de María, por lo que se defendía con ataques de crítica. Cuando María dejó de actuar de modo condenatorio con él, Luis redujo espontáneamente sus críticas y sus actitudes desconsideradas.

Muy a menudo, aunque no siempre, las relaciones cambian asombrosamente cuando una persona deja de lado las creencias erróneas que generan y perpetúan la amargura y el enojo.

Sin embargo, la persona que se esfuerza por cambiar sus creencias erróneas *siempre* saldrá beneficiada, aun cuando la otra persona no cambie.

La constante repetición de las creencias erróneas es lo que sustenta y mantiene el resentimiento y la amargura. La constante repetición de la verdad trae paz y salud.

Veamos algunas creencias erróneas que se relacionan con el enojo:

1. El enojo es algo malo y, si soy cristiano, nunca tengo que enojarme.
2. El enojo siempre implica gritar y arrojar las cosas al suelo o hacer cualquier otra cosa que ayude a calmar las emociones.
3. Si me enojo, siempre es mejor que me trague ese sentimiento en lugar de manifestarlo.
4. Tengo todo el derecho de enojarme cuando otra persona no cumple mis expectativas. No puedo hacer otra cosa que permanecer enojado mientras las cosas no cambien.
5. Es provocativo e insoportable que otros hagan cosas que no me gustan, o si no me tratan como yo deseo que lo hagan.

Tal vez tenga una o más de estas creencias erróneas. Son mentiras y distorsiones. En todos los casos, tienen el poder particular de causar mucho sufrimiento. Ahora viene la *verdad*.

La verdad respecto al enojo:

1. *El enojo no siempre es malo.*

Por el contrario, el enojo puede ser algo normal y tiene un significado de adaptación en situaciones apropiadas. Recuerde, Jesús lo experimentó. El sentimiento de enojo por sí mismo no siempre es dañino ni ofensivo. Es lo que *hace* cuando está enojado lo que tiene significado moral. Pablo escribió: «Airaos, pero no pequéis; no se ponga el sol sobre vuestro enojo» (Efesios 4:26). La versión amplificada de este pasaje dice: «Cuando estés enojado, no peques», lo que sin duda indica que quizás a veces nos enojemos. Pablo quiere decir que el enojo en sí mismo no es algo malo, que *lo que hacemos cuando estamos enojados puede ser pecaminoso,* y que no debemos permitimos seguir enojados por continuar diciéndonos cosas destructivas e hirientes. Nos pide que arreglemos el problema lo antes posible.

2. *A veces es mejor expresar el enojo.*

Habrá oportunidades en que el Señor querrá que exprese ese sentimiento, tal como lo hizo Jesús en varias ocasiones. Jesús se enojó sinceramente con las compras y ventas que efectuaban los oportunistas en el templo. Vio que personas inicuas hacían negocios impíos en un lugar santo y ese abuso con la casa de Dios le causó mucho enojo.

Como podemos ver con el ejemplo de Jesús, manifestarle a alguien que le ha hecho algo que le ha causado enojo puede ser un acto de amor. Mateo 18:15-17 nos enseña con claridad cómo lidiar con las situaciones que nos causan enojo: «Si tu hermano peca contra ti, ve y repréndele». No dice que le grite, o lo persiga, o que patee las cosas y golpee las puertas para que lo pueda advertir. Dice que se lo diga usted mismo. Es un procedimiento muy sencillo. Puede decirle: «Lo que has hecho me ofende y me siento enojado por ello. Quisiera que no lo repitieras».

3. *Enojarse no implica gritar ni tirar cosas, ni ninguna otra conducta violenta.*

Ciertas investigaciones que se han realizado sobre la agresividad han demostrado que si se cede ante ella y se le da lugar, aumenta; no disminuye. La teoría de la «presión de vapor» que sostienen algunos sicoterapeutas afirma que las emociones son como el vapor en una olla a presión, que deben ser liberadas o de lo contrario pueden provocar una terrible explosión.

Esta afirmación no está apoyada por las evidencias experimentales. Nuestras emociones no son un tipo de gas o fluido que debe ser expelido para evitar que estallemos por todas partes en mil pedazos.

El enojo es una conducta. El enojo es la respuesta de su mente y de su cuerpo a un cierto estímulo. Cuando se elimina el estímulo, la respuesta cesa, eso es, *si* no continúa diciéndole lo injusto que ha sido tratado y lo desdichado que es por ello.

Si fuera esencial para nuestra salud mental el expresar el enojo a gritos, alaridos y golpes, entonces la Palabra de Dios estaría errada al aconsejarnos que desarrollemos el dominio propio. Esto no implica que nos traguemos el enojo y pretendamos que todo anda muy bien, cuando no es así. A veces es más saludable, más prudente y más amable, decir por ejemplo: «En este momento estoy enojado. Me gustaría que habláramos sobre ello porque siento que tiene que ver contigo también».

4. *No tengo derecho de enojarme cuando otra persona no cumple mis expectativas. Puedo elegir seguir enojado o no.*

Muchos cristianos piden continuamente a Dios que los libere del enojo, piden y quieren recibir el perdón. Pero no se dan cuenta de que entre oración y oración se dicen continuamente a sí mismos cosas terribles. «Naturalmente seguiré enojado», podrá decir alguien, «mientras fulano de tal continúe tratándome así».

No hay ninguna relación necesaria entre la conducta de otra persona y tu enojo. No importa lo injusto, desatento o desconsiderado que haya sido alguien con usted, está enojado a causa de las cosas que se dice a sí mismo. Un sicólogo les dice a sus pacientes que la afirmación verdadera que deben hacerse cuando están enojados es: «Yo *me* provoco el enojo». Los demás no pueden obligarle a seguir ofendido por sus conductas. Esto es algo que usted se hace a *sí mismo*. Para ir un paso más adelante, usted se enoja a usted mismo con lo que se dice en su monólogo interno.

Se dice, en palabras, imágenes y actitudes, las cosas que le hacen sentir enojado. «¿Acaso no es terrible que Juan siempre me haga esperar?» «Es muy molesto e injusto que sea yo quien tenga que cortar el césped y recoger las hojas siempre, mientras que ella no hace otra cosa que sentarse a tomar café». «Me enfurece ver que su perro come mucho mejor que muchas personas en el mundo».

Si está aconsejando a alguna persona que está enojada, o si está lidiando con su propio enojo crónico, es fundamental preguntar: «¿Por qué insisto en que es algún otro el que me trastorna, cuando yo soy el único que puedo hacerme enojar y continuar estando enojado?» Si estoy enojado, me estoy diciendo que algo que la otra persona hace o dice es terrible, que no debiera ser así, que las cosas no ocurren como yo desearía que ocurrieran, y la suposición resultante de ello es creer que algo es espantoso, terrible, vergonzoso o simplemente horroroso. Pero esa suposición sólo se puede sostener con ideas irracionales, porque ella misma es irracional.

La verdad es que tales cosas no son horrorosas. Es desagradable que las cosas no ocurran como te gustaría, o que una persona te trate mal, pero no es espantoso ni terrible.

5. *No es terrible, ni particularmente raro, que otros hagan cosas que no me gustan o me traten mal aunque yo los trate bien.*

Perdemos mucho tiempo y energías cuando meditamos tristemente en las ofensas que otros nos hacen. Todos hemos pecado, según dice la Palabra de Dios. Aquellos que permanentemente están pensando cómo debieran tratarlos los demás, confunden lo que *debiera* ser con lo que realmente *es*.

Sería lindo si todo el mundo fuera cariñoso, considerado, atento, bondadoso y justo. Pero la Biblia nos advierte que vamos a encontrar conductas pecaminosas en la gente, porque todos los hombres y las mujeres han elegido su propio camino. A los que han nacido en la familia de Dios, Dios les dice que «sean perfectos como yo soy perfecto», *y no:* «Traten de lograr que sus semejantes sean perfectos». La perfección de Dios incluye su perfecto perdón y paciencia. Fue su gran amor y compasión lo que lo llevó a la cruz para que, aun siendo pecadores, Cristo muriera por nosotros (Romanos 5:8). De modo que parte de esa perfección que quiere que tengamos, es esa misma cualidad de perdón y paciencia.

Cuanto mejor llegue a conocer a otra persona, más consciente será de sus limitaciones. Si se dedica a meditar en las características negativas, continuamente encontrará elementos para criticar y motivos para estar descontento. Sus padres, hermanos, cónyuge, hijos, amigos, todos tienen algo que no le gusta. Es muy probable que haya algo que desearía cambiar en todas las personas que conoce.

La gente que con la que se relaciona no siempre será amable, justa, cariñosa y atenta con usted. Usted mismo no siempre se conduce de modo perfecto y justo en todas las circunstancias. Pero su Padre celestial le ama a pesar de usted mismo. Puede cambiar su monólogo interno, amar y aceptar a las personas que le rodean. Dios las acepta y lo mismo puede hacer usted. (Dios no acepta el pecado. Es a los pecadores a quienes ama.) Ama inmensamente a los pecadores, y envió a Jesús a morir en la cruz por ellos para que pudieran conocer a Dios y salvarse de las consecuencias del pecado.

CUANDO EL ENOJO ES NORMAL

El simple sentimiento *pasajero* de enojo es normal. El enojo que estalla en rabia o produce amargura es mal adaptado y pecaminoso. Las Escrituras dan dos imágenes del enojo: «Airaos, pero no pequéis», dice en Efesios 4:26. Luego, Santiago escribe: «Todo hombre sea... tardo para airarse; porque la ira del hombre no obra la justicia de Dios» (Santiago 1:19,20).

El enojo en sí mismo no siempre es pecado. Ya hemos mencionado cómo Jesús, en determinado momento, se enojó. «Entonces, mirándolos alrededor con enojo, entristecido por la dureza de sus corazones, dijo al hombre: Extiende tu mano. Y él la extendió, y la mano le fue restaurada sana» (Marcos 3:5). Ninguno de nosotros puede pasar por la vida sin haber tenido, al menos una vez, el sentimiento del enojo.

CUANDO EL ENOJO ES UN PROBLEMA

El enojo se convierte en problema cuando se empeora o perpetúa por causa de creencias erróneas, tales como: «Nunca debiera enojarme». Estas creencias erróneas llevan a palabras autoengañadoras: «*No* estoy enojado», a la vez que estamos diciendo y haciendo cosas que son evidentemente hostiles, airadas y que incluso hieren a otras personas. Entonces, el conflicto interno y la conducta destructiva se vuelven difíciles de interpretar, identificar y controlar. Se desarrolla más el autoengaño y siguen luego las conductas neuróticas. «*No* estoy enojado; soy una persona amable, perdonadora», dice el individuo amargado, mientras aprieta los dientes. Él o ella se ríen, sonríen y dicen palabras en tono amistoso, mientras en su interior están furiosos, y se niegan a encarar la verdad.

Los cristianos muy a menudo son el blanco del engaño. Muchos de ellos creen que deben ser personas amables, siempre sonrientes, que continuamente estén por encima de todo, superhombres que siempre están contentos en cualquier situación. Cuando algo los hiere y reaccionan con un sincero enojo, lo esconden y lo cubren con varias capas, como palabras con tinte religioso, sonrisas, ciertos gestos, silencio.

Ejemplo de esto es el matrimonio que vimos al comienzo del capítulo: Luis y María. Luis estaba resentido por la obvia desaprobación de María hacia él. Sentía que ella juzgaba cada palabra y cada acción suya, lo que le producía incomodidad y enojo. No discutía sobre sus sentimientos con su esposa. Pero su conducta demostraba lo enojado, amargado y herido que estaba. Esa sensación de ser desaprobado era tan fuerte que aprovechaba cada oportunidad para demostrarle que ella también tenía defectos. Los malentendidos se sumaban, por lo que se formó una muralla que los separaba. Ninguno de los dos podía plantearle al otro su pena ni su enojo, por lo que la conducta hostil que se manifestaban uno al otro era nociva y cruel.

Tanto Luis como María se negaban a admitir que tenían sentimientos de enojo puesto que creían que el enojo implicaba necesariamente gritos, arrojar objetos y golpear cosas, o cualquier otro comportamiento violento. Lograban engañarse a sí mismos pensando que su conducta y sus palabras amargadas y resentidas no se originaban en el enojo.

Luis admitió: «Nunca golpeé a María, ni jamás le arrojé cosa alguna, ni tampoco le grité; por ello pensaba que era una persona que tenía el fruto del dominio propio. Sin embargo, lo que hacía probablemente era peor que gritar o tirar cosas. La humillaba con mi lengua hiriente, o de lo contrario nunca le hablaba. Me sumergía en el silencio y no decía una sola palabra».

Además de actuar con violencia, otra conducta desadaptada con la que se dice «estoy enojado» es el silencio. Expresar el enojo gritando, pateando, golpeando o destrozando es tan peligroso como no admitir que se está enojado. El que dijo: «Nunca le pongas un tapón al enojo, déjalo salir», estaba equivocado. Hay una manera adecuada de expresar el enojo, pero dejarlo estallar por todas partes no es la forma. La idea de «expresar todos los sentimientos» nunca obrará la «justicia de Dios». El enojo descontrolado ocupó el quinto lugar entre los antiguos «siete pecados mortales», puesto que en verdad *es* mortal.

Otra mala respuesta al problema del enojo es la que dice: «¡Pelea, pelea, pelea!», la cual no difiere mucho de la actitud que asumen los admiradores de un jugador de fútbol cuando lo estimulan en un partido gritando: «¡Dale duro! ¡Dale duro! ¡Más fuerte!» La creencia errónea que se esconde detrás de esto es que cuanto más duro se pelea contra la persona o cosa que te causa el enojo, más rápido desaparecerá el efecto. Pero no es así, no desaparece. Se empeora, y lo mismo el enojo. Un día te encontrarás gritando al viento, odiando y desconfiando hasta de la persona más querida que te rodee, sin una causa valedera.

Hay una manera saludable de expresar el enojo. No es con violencia, ni tampoco es escondiéndolo, ni pretendiendo que no existe.

LA MANERA SALUDABLE DE EXPRESAR EL ENOJO

Tal vez conozca a alguien que está crónicamente enojado, como si estuviera constantemente alimentando el rencor y que, en cualquier momento, ha de estallar. La mayoría de esas personas tienen una característica común. Son marcadamente introvertidas e incomunicativas. Se niegan y resisten a expresar sus deseos de una manera franca y sincera. Sencillamente temen decirle a algún semejante lo que les duele o la forma en que han sido ofendidas.

Jesús nos enseña las maneras apropiadas y eficaces para relacionarnos con los demás. Cuando nos enseña cómo encarar el enojo y sus causas, dice: «Ve a la otra persona». Habla con sinceridad y con franqueza, sin acusar ni manipular. Dile: «En este momento estoy enojado. La razón de mis sentimientos de enojo es que te oí decir tal y tal cosa o hacer tal y tal cosa. Eso me ha ofendido y herido, por lo que estoy enojado».

Una conducta eficaz como esa le impide albergar la amargura y el resentimiento, los que en la vida cristiana son pecados, y es muy probable que le llamen la atención a la otra persona. Además, preservará la relación en vez de destruirla. Una conducta firme acompañada de la oración, sin usar palabras cortantes ni hirientes, traerá un cambio decisivo a tu vida.

Cada vez que se encuentre en una situación en que alguien le haya ofendido o herido, preste atención a lo que está ocurriendo en su mente. ¿Qué cosas se está diciendo? Si se está diciendo cuestiones que se basan en creencias erróneas, evítelas de inmediato con la verdad.

NO DÉ NINGÚN LUGAR A LAS CREENCIAS ERRÓNEAS EN SU MENTE, ENFRÉNTELAS INMEDIATAMENTE CON LA VERDAD.

Ricardo se enoja con Manuel porque este acaba de comprar un automóvil nuevo y vino a mostrárselo a él precisamente, que nunca podría comprarse uno. Ricardo piensa que Manuel está poniendo en evidencia el hecho de que él no puede comprarse un auto. Se dice a sí mismo que Manuel está tratando de humillarlo a propósito y hacerle sentir mal.

Como vemos, Ricardo está lidiando con una serie de creencias erróneas. Una de ellas es que es insoportable que Manuel pueda comprar un automóvil y él no. (La verdad es que no es insoportable, tal vez no sea lo más deseable, pero obviamente no es insoportable.) Segundo, es terrible que Manuel ande por ahí exhibiendo su nuevo automóvil cuando el pobre Ricardo no puede comprarse uno. (Sin embargo, no es terrible. Puede causar algo de irritación, pero no es terrible.) Tercero, Ricardo se dice a sí mismo cosas humillantes y se siente perdedor. Si no enfrenta pronto sus creencias erróneas se sentirá realmente desdichado. (La verdad es que no hay absolutamente nada de malo en no poder comprar un automóvil nuevo. El valor de la persona no depende de lo que pueda o no pueda comprar. Depende de lo que uno es delante de Dios como persona.)

Al encarar estas creencias erróneas, Ricardo tiene que enfrentarlas y reemplazarlas con la verdad. Pero hay un punto del que no está muy seguro y es si Manuel realmente está tratando de sacarlo de quicio exhibiendo su automóvil nuevo. Por eso decide hablar con Manuel acerca del asunto, lo que demuestra cierto grado de actitud constructiva.

—Manuel —afirma con expresión muy seria—, me gustaría hablar contigo unos minutos por un asunto que me está molestando.

Por favor, cuando vaya a hablar con alguien acerca de sus sentimientos de enojo, utilice la expresión adecuada en el rostro, no ponga una cara torcida por el enojo ni enrojecida por la furia, ni tampoco sonrías esforzándose por parecer amable y bondadoso como si no pasara nada. Enfrente a la persona, utilice un tono natural de voz y mírela directamente a los ojos.

—Bueno, Ricardo, ¿de qué se trata? —respondió su amigo.

Ricardo respiró hondo y le dijo:

—Valoro nuestra amistad y veo que es importante que sea franco contigo.

—¿Qué quieres decirme? —le preguntó Manuel.

—Quiero que sepas que estoy enojado.

—¿Enojado? ¿Por qué?

—Me da cólera cuando ostentas tu nuevo automóvil. Sabes que también me gustaría comprarme uno, pero no lo puedo hacer. Y tengo la sensación de que justamente eso es lo que estás tratando de poner en evidencia. ¿No es así?

Ricardo ha abierto el camino para una comunicación sincera y positiva con su amigo. Ha evitado cargar absurdos resentimientos y añadir sentimientos más profundos de inferioridad.

El enojo debe ser manifestado con sinceridad, no debe ser disimulado con hipocresía. Hay una diferencia entre hacerle saber a alguien que uno está enojado con él, y forzarlo a percibir la punzada de nuestra cólera o ira.

Es posible que aprendamos a reconocernos a nosotros mismos cuando estamos enojados y, de ahí en adelante, podemos tener libertad para expresarle nuestros sentimientos a la persona que nos ha herido, si así lo deseamos. Esto requiere dominio propio y sinceridad. Las emociones violentas que estallan ruidosamente o que se revuelven en silencio, no conducen a nada bueno. Al contrario, provocan más disturbios emocionales, para no mencionar las complicaciones fisiológicas concomitantes como los dolores de cabeza, los dolores de espalda, la presión sanguínea alta, los trastornos digestivos y las enfermedades del corazón; y lo más lamentable, que nuestro Salvador se entristece a causa de nuestro pecado.

Las Escrituras nos enseñan a encarar el pecado y sus causas así como a evitar que los sentimientos de enojo nos dominen. Esta conducta constructiva se describe en Efesios 4:26: «Airaos, pero no pequéis; no se ponga el sol sobre vuestro enojo». El enojo que se abriga y se alimenta ofrece un gran potencial para hacernos actuar de manera pecaminosa y perjudicial. Es por ello que es tan importante identificar los sentimientos de enojo al instante y sentirse libre para hablar de los mismos.

La persona con la que siempre debiera hablar cada vez que se sienta enojado es el Señor. Confiésele cualquier enojo pecaminoso. Pídale que le haga ver las creencias erróneas y permita que el Espíritu Santo le guíe a la verdad. Podemos contar con la promesa que se halla en Juan 16:13: «Él os guiará a toda la verdad».

Algunas veces no habrá necesidad de hablar de los sentimientos de enojo con la persona que se lo ha causado, porque lo habrá resuelto hablándolo directamente con el Señor. Con su colaboración, el Señor muchas veces podrá quitarle el enojo en la soledad de su lugar secreto de oración.

Enfrente sus creencias erróneas y reemplácelas con la verdad. Permita que Dios penetre con su Espíritu de verdad en sus emociones y sus pensamientos, de modo que encuentre la presencia del cielo en su monólogo interno, en sus pensamientos y en sus emociones. Estará pensando, hablando y obrando para la gloria de Dios.

CUANDO OTRO ESTÉ ENOJADO CON USTED

No importa con cuánta eficiencia aprenda a manejar su enojo y sus causas, vive en un mundo en que a veces son otras las personas las que se enojan, y habrá ocasiones en que alguno se enojará con usted.

He aquí algunas sugerencias para enfrentar el enojo de otros.

1. No se moleste ni perturbe cada vez que alguien se enoje con usted. No es un desastre. *Puede* encararlo con efectividad.
2. No adapte su conducta simplemente para evitar que otros se disgusten con usted, lo harán de todas maneras y, cuando así sea, es problema de ellos, no suyo.
3. Tenga cuidado con no recompensar los arranques de enojo de los demás. Ignórelos cuando le griten, pero sea muy atento cuando le hablen en forma razonable.
4. No se deje intimidar. Hable claro y diga: «Por favor, hábleme en forma razonable».
5. Sea amable y cariñoso. El simple hecho de que alguien esté enojado con usted no significa que deba enojarse con él. Diga cosas como: «Lamento que se sienta mal. ¿Puedo hacer algo para ayudarle a salir de ese estado?»
6. Cuando haya alguna verdad en una acusación que se le haga, admítalo. No mienta para defenderse. No está siempre obligado a estar en lo correcto. Diga cosas como: «Es verdad. No estaba actuando razonablemente cuando pasé por aquí exhibiendo mi automóvil nuevo. Veo que no estaba haciendo otra cosa que ostentarlo y me avergüenzo de ello. Por favor, perdóneme».
7. Permita que otros tengan el derecho de estar enojados con usted a veces, y no se sienta ofendido ni perturbado cuando ocurra eso. Si insiste en que todos le vean y le respeten como el ser humano perfecto que no tiene fallas, se sentirá muy desilusionado, y huelga decir que será víctima de una gran creencia errónea.

A veces, el enojo que alguien le manifieste, puede no tener nada que ver con usted. Puede que sea simplemente el blanco de la frustración y la infelicidad de alguien. Aprenda a identificar esos casos y no tome personalmente cada una de las palabras que le arrojen. Recuerde siempre: el problema de la persona que está enojada es *de ella,* no lo tome como suyo.

Los niños maltratados y las esposas heridas aumentan todos los días. No se permita llegar a ser parte de esa situación por dejar que las cosas continúen sin cambiar. Ya sea víctima o perpetrador, *hay* ayuda para usted. Puede librarse de los horrores de la furia incontrolada.

EL ENOJO Y LA ORACIÓN

Está aprendiendo a escuchar su monólogo interno, por lo que es necesario que oiga sus oraciones también. Si se oye quejándose, rogando, implorando, repitiendo una y otra vez los lamentos, es hora de tomar un nuevo camino. En lugar de orar por el problema, ore por la respuesta.

Las palabras que dice pueden mover montañas. Sólo necesita una fe del tamaño de un grano de mostaza para ver esa realidad. Jesús dijo que no habría ninguna cosa que te resultara imposible. En vez de decir: «Señor, ya no aguanto más. Estoy harto de este trabajo. Nadie me trata bien, todos son desconsiderados y mal educados, el jefe es un abusador, los empleados son engreídos y poco amigables. ¡Ay, Señor, esto es terrible!»; pruebe orando de la siguiente manera:

«Señor, sé que nada me es imposible, de modo que ya que tengo que seguir con este trabajo, lo haré en tu nombre. Dices en tu Palabra, en Mateo 17:20, que mi fe, por pequeña que sea, puede mover montañas. Lo creo, Señor, y creo que tú puedes cambiarme a mí, lo mismo que a mi jefe y a los compañeros de trabajo, para que podamos trabajar en armonía. Creo que puedes sacar este trabajo del nivel de insoportable y permitir que llegue a ser más que tolerable.

»Espíritu Santo, muévete en el lugar donde trabajo y no dejes ni un alma sin ser tocada por tu presencia».

Después de orar así, ya no querrá volver a quejarse, porque le ha entregado toda la situación a Dios. Cuando ore por las respuestas en lugar de por los problemas, también moverá montañas. Algunas de ellas requieren un tiempo para moverse, tal vez años, pero puede manejar la situación. Es una creencia errónea que Dios debe responder de inmediato y que, de lo contrario, sería terrible y espantosa. Creencias erróneas como esas están relacionadas con el enojo y pueden iniciar una corriente de otras creencias erróneas igualmente infundadas, y conducir finalmente al punto en que se pondrá tan impaciente y enojado como para acusar a Dios de no preocuparse por usted, o de no existir en absoluto.

Cuando ore usando la Palabra de Dios y la verdad, la que ha puesto en lugar de sus creencias erróneas, comenzará a notar grandes cambios en su vida y en su personalidad. En Cristo nada *le* es imposible. Puede lograr grandes cambios por creer esas palabras y por orar en base a las respuestas en vez de concentrarse en los problemas.

RESUMEN: CÓMO LIDIAR CON EL ENOJO

1. Confiese su enojo pecaminoso a Dios y reciba su perdón.
2. *Localice* e *identifique sus creencias erróneas.* ¿Qué se está diciendo que no es la verdad?
3. *Reemplace las creencias erróneas con la verdad.* Elimine las mentiras que se ha estado diciendo y comience a repetirse a usted mismo la verdad.
4. *Compórtese* de *acuerdo a la verdad.* Tiene que poner fin a su antigua conducta que procede de las creencias erróneas. Las antiguas formas destructivas de expresar o reprimir el enojo tienen que desaparecer. Ahora es una persona que reacciona según la Palabra y la voluntad de Dios. Es sincero, directo y sensible tanto para otras personas como para consigo mismo.
5. *Ore por las respuestas más que por los problemas.* Tiene que creer que en Cristo nada es imposible para usted, incluso la eliminación de la amargura y el enojo de su vida.

CAPÍTULO SEIS

Las creencias erróneas respecto a la ansiedad

Susana está lavando platos en la cocina de su madre y de pronto, por accidente, cae un vaso y se rompe. Le empieza a latir el corazón aceleradamente. Sabe que eso implica castigo. En el pasado, cada vez que rompía algo, su madre hacía tres cosas: gritar, insultarla y pegarle. Susana tiembla de miedo al pensar en lo que se le viene encima. Su mamá entra a la cocina. Cuando ve el vaso roto, sujeta a Susana del brazo, comienza a gritar que era uno de cristal fino, la llama torpe, descuidada e inútil. Y luego la golpea.

Al día siguiente, la madre vuelve a mandar a Susana a lavar los platos. Susana no tiene mucho entusiasmo de hacerlo. Trata de encontrar una excusa para evitar la tarea. Dice que tiene que ir al baño o que le duele el estómago y que se irá a la cama. Susana está tensa porque ha sido *condicionada* a sentirse así. Si lava los platos, corre el riesgo de romper algo y, si rompe algo, con toda seguridad será castigada, y además la insultarán. Y eso la haría sufrir. Con el tiempo, si Susana tiene que pasar por una cantidad suficiente de esas experiencias penosas —rompe una cantidad de vasos y recibe igual cantidad de palizas e insultos—, desarrollará una ansiedad que llegará hasta sus sentimientos de autoestima.

Pongamos estos sucesos a la par de los contactos sociales de Susana. Ella practica patinaje, aunque le cuesta mantener el equilibrio. Los demás le hacen bromas y la ponen en ridículo. En la escuela y en la casa, su hermano la insulta delante de todos. Su padre suele llamarla perezosa y su madre le grita cuando no se comporta de acuerdo a sus expectativas.

69

Susana comienza a enseñarse a sí misma a ser ansiosa. Cuando sus amigos la ridiculizan, cae presa del dolor. Se siente ansiosa cuando los ve patinar en el hielo en el patio de juegos, al igual que cuando *piensa* en ellos. Las demandas de su familia —que por lo general no puede cumplir— aumentan sus sentimientos de ansiedad.

De modo que Susana hace algo que es típico de los neuróticos ansiosos. Empieza a evitar las cosas que la ponen ansiosa. Comienza a evadir los contactos con otros niños. Evita a su propia familia, se queda sola. Se enseña a sí misma que cuando se aleja de las situaciones que le producen ansiedad, esta disminuye. Es una actitud que la ayuda momentáneamente.

Carolina tiene veintidós años. Ha pasado varios años de su vida amontonando respuestas ansiosas, tal como está haciendo Susana en este momento. Está plagada de miedos, por lo que no logra convencerse de que debe salir y buscar un trabajo. Dice que quiere hallar uno pero que no lo logra. Tiene su propio departamento cerca del de sus padres, aunque prácticamente no sale de allí.

—Si pudieras ir a encontrar un trabajo, te obligarías a salir de esa depresión en que te encuentras —le dice su madre por teléfono.

—No consigo trabajo —protesta Carolina—. He buscado y sencillamente no encuentro.

En su desesperación, sus padres insisten en que vea a un sicólogo.

—Odio las entrevistas para conseguir un empleo —le dice Carolina al terapeuta—. Me asustan.

—¿Por qué?

—Bueno, son horribles. El mercado de trabajo es escaso y hay mucha demanda.

En la octava sesión, Carolina ya puede identificar sus pensamientos y sus creencias. Identifica que el objeto de sus temores son las otras personas. Su incapacidad para hallar trabajo no se debe al mercado laboral, sino a la ansiedad que sufre con la *idea* de salir y enfrentarse con la gente. Teme lo que podrían hacerle las personas.

—Carolina, dijiste que te molesta estar en medio de una multitud.

—Así es, odio eso con toda mi alma.

—¿Qué mal podría hacerte una multitud?

—Bueno, podrían reírse de mí o burlarse.

—¿Sería terrible eso? —le pregunta el terapeuta.

—Sí, sería terrible. Sería espantoso. No lo soportaría.

—¿En realidad sería el fin del mundo para ti si alguno se riera o burlara de ti?

—Bueno, sería espantoso, pero... supongo que en verdad no sería tanto como el fin del mundo.

Carolina no se había dado cuenta de que acababa de dar un gran paso.

1. Se escuchó a sí misma y oyó lo que realmente estaba pasando por su mente.
2. Al hacerlo, comprendió que se había estado diciendo que el ser blanco de la risa y la burla de otros sería horrible y espantoso (creencia errónea).
3. Entonces enfrentó esa creencia errónea con la verdad, diciéndose que aun cuando no le agradaría la situación, *no* sería el fin del mundo.

La gente que sufre de ansiedad se dice a sí misma: «Si aquello que temo llegara a ocurrir, acabaría conmigo. Sería espantoso». El doctor Albert Ellis, director del Instituto para Estudios Avanzados en Sicoterapia Racional lo llama, con su sentido del humor, «terribilizar»... Las personas ansiosas practican eso mucho.

La pequeña Susana lo hace al evitar a la gente. «Sería espantoso si fueran malos conmigo». Carolina lo hace evitando las entrevistas de trabajo: «Sería terrible si no hiciera un buen papel».

Carolina comprenderá que la idea de estar en una multitud la pone ansiosa no por el número de personas, ni por la incomodidad causada por la presión, sino porque teme que se burlen o se rían de ella. Podrá superar esta mentira cuando «desterribilice» ese pensamiento y lo reemplace con la verdad.

Algunas mentiras frecuentes son:

- Él, ella o ellos pueden encontrarme desagradable. Eso sería terrible.
- Es probable que no cumpla las expectativas de la gente. Eso sería terrible.
- Es probable que me rechacen. Eso sería terrible.
- Es probable que fracase. Eso sería terrible.
- Tal vez haga o diga algo estúpido. Eso sería terrible.
- Si logro la felicidad, es probable que la pierda. Eso sería terrible.
- Aun si consigo que me amen, podría perder ese amor. Eso sería terrible.
- Tal vez no tengo el buen aspecto que tienen los demás. Eso es terrible.
- Él, ella o ellos pueden desaprobarme. Eso sería terrible.
- Él, ella o ellos pueden descubrir que, en realidad, soy un don nadie. Eso sería terrible.
- Nadie me amará jamás. Eso sería terrible.
- Tal vez yo no sepa amar. Eso sería terrible.
- Podría lastimarme. Eso sería terrible.
- Puede ser que me pidan que haga algo que no sé hacer. Eso sería terrible.
- Podría perder todo lo que tengo. Eso sería terrible.
- Puedo morir. Eso sería terrible.

Hay muchas más. ¿Cuántas de ellas reconoce?

LO QUE PIENSAN LOS DEMÁS
SOBRE MÍ

El tema central que yace en las creencias erróneas de la ansiedad es que *lo que las otras personas piensen de mí es de tan crucial importancia que debo pensar en ello, cada vez, antes de actuar. Tengo que hacer todo lo que pueda para evitar que otras personas piensen mal de mí. Si eso pensaran, sería un golpe mortal para mí. Sería terrible.*

Casi todas las personas ansiosas creen, y se dicen a sí mismas que corren peligro por las reacciones de los demás hacia ellas. Estas ideas, como todas las creencias erróneas, son mentiras del diablo. Aunque ciertamente nos alegramos cuando otros piensan bien de nosotros y nos aman, todavía podemos vivir bastante bien sin tener la aprobación y el afecto de los demás. La Biblia nos enseña a considerar a los otros, como por ejemplo: «Amarás a tu prójimo como a ti mismo», y «Amados, amémonos unos a otros», pero eso no significa que tenemos que luchar y tratar de conseguir la aprobación de todos, y morir si no la obtenemos.

Es muy lindo ser querido. En efecto, es mejor ser querido que despreciado. No hay nada malo en aprender a ser querido y apreciado por los demás. Hay principios que permiten tener mejor comunicación con otros, principios que son beneficiosos de aprender. Sin embargo, es absurdo y destructivo creer que *debe* tener éxito en cuanto a lograr que todo el mundo le apruebe a usted y a todo lo que tenga que ver con usted. No hay ninguna razón para que no aprenda ciertas técnicas para agradar, influir, persuadir y modificar la conducta de otras personas. Pero eso es diferente a meditar continuamente en la creencia errónea que dice: «*Tengo* que ser importante para alguien». Es agradable ser importante para alguien, pero es más saludable no decir: «Tengo que...».

La filosofía que dice que todos deben apreciarle y quererle, no sólo es tonta, sino que tampoco es bíblica. Si está aprendiendo técnicas para agradar, influir, persuadir y manipular a la gente, ¿cuáles son sus motivos? ¿Se está diciendo: «*Tengo* que ser importante para alguien», «*Tengo* que ser querido», «*Tengo* que ser aceptado», «*Tengo* que...»?

Supongamos que, después de todo, sus «Tengo que...» no se cumplan. Supongamos que, después que trabaja diligentemente para obtener su aprobación, la gente sigue sin apreciarle ni quererle. Supongamos que alguien le odie y le rechace sinceramente. Supongamos que alguien a quien respeta y de quien desea la aprobación le manda de pasco o le despacha con algún desaire. ¿Qué cosas se dirá a usted mismo entonces? Por el hecho de que colocó el objetivo de «lograr la aprobación y el cariño de todos» como su valor supremo, es probable que responda al rechazo diciéndose cosas tan dolorosas como: «Realmente soy un perdedor», o bien: «¡Qué fracaso soy!», o: «Verdaderamente soy un don nadie», o: «Me las van a pagar por esto, ¡ya verán!», o: «No necesito de *nadie*».

La Biblia no nos enseña a agradar a todo el mundo. No nos dice que nos afanemos tratando de lograr que la gente nos ame. Jesús nunca nos dijo que tomáramos un curso para aprender a ser agradables a todas las personas. Nos dijo que lo amáramos a *él*, que confiáramos en *él*, que tuviéramos fe en *él*, que lo glorificáramos a *él* y que nos preocupáramos sinceramente por los demás.

El precio que paga una persona ansiosa por agradar a la gente es demasiado alto. Jesús, más que ningún otro, demostró que si una persona realmente se preocupa por agradar a Dios, habrá oportunidades en que su conducta será precisamente opuesta a lo que otros esperan de ella. Jesús mismo no fue amado por todos, y todavía no lo es. Jesús no fue aceptado por todos cuando vivió, y todavía no lo es. Muchos lo han criticado. Cuando vivió en la tierra, trastornó completamente a los líderes y maestros de la opinión pública, por su conducta social. Se hizo amigo de las prostitutas y de los ladrones, y buscó la compañía de los traidores cobradores de impuestos. Eso no lo convirtió en «Don Popular» entre la gente religiosa. Al contrario, muchas de las cosas que hizo no le procuraron amigos. La gente lo criticaba por la forma en que hablaba y adoraba, no les gustaba lo que decía, no les gustaban sus amigos, no les gustaba lo que hacía, ¡hasta lo criticaban por la forma en que comía! Sin embargo, no se dejó dominar por lo que los demás pensaban de él, porque tenía la mirada puesta en el Padre y en cumplir su voluntad.

En realidad, gozó plenamente, a pesar de todo, y nos dice: «Que mi gozo esté en vosotros» (Juan 15:11). Jesús no vivía para agradar a la gente. Vivió para agradar a su Padre celestial.

Nadie más que usted mismo tiene el poder de hacerse desdichado. Es un poder exclusivamente suyo.

Usted mismo se hace desdichado por las cosas que se dice. Sin embargo, la persona ansiosa muchas veces no puede definir lo que la pone en ese estado. El término «ansioso» vale para un buen número de conductas, incluyendo la actividad cognitiva (como preocuparse, atemorizarse, obsesionarse), lo mismo que los hechos fisiológicos ocurridos bajo estado de «estrés» o tensión (sequedad en la boca, transpiración, pulso y respiración acelerados, mareos, temblores, dolores de cabeza, cosquilleo en el estómago, músculos tensos). La ansiedad se define por lo general como: «temor en ausencia de un verdadero peligro». El aconte-cimiento que la persona teme muy probablemente no le cause aquello que espera.

La ansiedad constituye:

1. Temor en ausencia de peligro real.
2. Sobreestimación de la probabilidad de peligro y exageración de su grado de peligrosidad.
3. Resultados negativos imaginados.

La persona que sufre de vértigo (acrofobia) tiene miedo a la altura y teme caer desde el último piso de un edificio alto aun cuando esté con las puertas y las ventanas cerradas o esté parada en un mirador totalmente protegido. *Sobreestima altamente* la posibilidad de caer. Por supuesto que no sería agradable si una persona se cayera desde el piso número 20 de un edificio y diera directamente sobre el pavimento, pero la posibilidad de que en verdad ocurra eso es en extremo remota. A pesar de ello, la persona acrofóbica vive atemorizada de que le suceda eso. La vida puede convertirse en una desgracia para ella por culpa de esa fobia. Andar por un camino montañoso le puede resultar una pesadilla. Puede sufrir histeria si tiene que subirse a una escalera o cruzar por una pasarela. La sola idea de viajar en avión le puede producir un sudor frío en la frente. Se siente atrapada por el temor, a pesar de que en realidad no corre ningún peligro.

El que es zoofóbido (que tiene temor a los animales) es otro que es preso de sus temores exagerados. Su ansiedad, producto del temor a los animales, es totalmente resultado de su imaginación. Puede que comience a temblar y se ponga pálido en presencia de un pequeño gato. Lo que ocurre es que *exagera* el grado de daño que sufriría si en realidad ese gato efectivamente saltara sobre él y lo mordiera o arañara. Quizás se imagina desgarrado y desentrañado, o privado de la respiración hasta quedar muerto. En realidad, el peligro es muy pequeño. El que les tiene fobia a los animales reconoce que la mayoría de los que son domésticos no son peligrosos, aunque las imágenes de peligro lo atormentan.

A la persona claustrofóbica (que tiene temor a los lugares cerrados) le dan pavor los lugares pequeños, las habitaciones sin ventanas, las salas pequeñas llenas de gente y cualquier otro lugar cerrado, lo cual puede ser una tortura tremenda para el individuo. La idea de que pueda ocurrir un incendio o algún otro desastre en el edificio, le hace temer que no pueda salir a tiempo de allí. Sobrestima la posibilidad de esos sucesos improbables, por lo que el temor lo atormenta.

Otra clase de persona que sufre ansiedades tremendas es la que tiene miedo a los lugares abiertos (agorafobia). Teme que si va a esos sitios sufrirá un ataque de ansiedad por estar allí y no poder escapar. Este individuo se dice a sí mismo que en tales lugares se pondrá tan ansioso que se le acelerará el pulso, respirará en forma entrecortada, le temblará el mentón, la cabeza le dará vueltas, perderá el conocimiento y quedará tendido en el suelo, retorciéndose y haciendo un espectáculo público. Podría morir o es posible que hasta le lleven a un hospital donde le declararían enfermo mental incurable.

¿Qué posibilidades hay de que ocurra algo así?

Susana, la niña que mencionamos al comienzo de este capítulo, sufre de agorafobia. Está sentada en la gran silla de cuero del consultorio, sus ojos van y vienen, de los muebles a la ventana.

—Susana, ¿es verdad que no has ido a la escuela estos últimos días?

—Así es. Y nunca volveré.

—¿Nunca? —le pregunta el sicoterapeuta.

—Nunca. La odio. Es demasiado grande. Mi otra escuela no era tan grande.

—¿Te gustaba más tu otra escuela?

—No. También la detestaba. No me gusta estar con tanta gente. Me pongo nerviosa.

—¿Y qué te pasa cuando te pones nerviosa?

—No sé. Simplemente me pongo mal, supongo. Me siento mal.

—¿Y qué es lo que sientes cuando estás mal?

—Bueno, me siento enferma. Siento como que voy a desmayarme o a perder el control. Sí, como si fuera que voy a perder el control.

—¿Qué quieres decir con eso de perder el control, Susana?

—Sencillamente perder el control, como comenzar a gritar o a llorar, o tal vez caerme al suelo o algo así y perder el control.

Los padres de Susana, que no entienden cómo han hecho para tener una «criatura tan perturbada», se preguntan si no tendrá una lesión cerebral. Sin embargo, su sistema nervioso está perfectamente bien. Es una criatura despierta que padece ansiedad en proporciones fóbicas. Al principio, Susana no quería aceptar ayuda sicológica, pero luego de algunas sesiones empezó a responder bien y a querer a su sicoterapeuta.

—Susana, ¿qué ocurriría si realmente perdieras el control, como dices, estando en medio de una multitud?

Abrió los ojos y se le aceleró el pulso.

—Yo... ¡Uh! Perdería el control. Y... y... no sé. Tal vez me volvería loca.

—¿*Realmente* piensas que te volverías loca?

—¿Y usted no piensa eso?

—No.

Se quedó quieta un momento, retorciéndose las manos.

—No sé. Perdería el control delante de toda esa gente. Delante de los otros chicos. Y eso quedaría pésimo. Sí, pésimo.

—¿Estás segura? ¿Y sería eso tan malo?

Intentó reír, pero no pasó de emitir un gemido.

—¡Ay!, sería terrible.

Varias sesiones después, Susana pudo decirle con sinceridad a su sicoterapeuta:

—Supongo que no será el fin del mundo si pierdo el control.

—¿*En verdad* crees que podrías llegar a perder el control?

—Bueno, no sé. Después de todo, la última semana fui dos veces a la escuela y no lo perdí. Y fui esta mañana....

—¿Te resulta desagradable estar rodeada de chicos?

—Sí, muy desagradable.

—Sin embargo, lo puedes soportar, ¿verdad? Quiero decir, una cosa puede ser desagradable sin dejar de ser soportable, ¿no es cierto, Susana?

Susana sonrió con la expresión más amplia desde que comenzó a venir al consultorio. Se encogió de hombros y dijo:

—Supongo que sí. Nunca se me había ocurrido que algo podía ser desagradable sin ser a la vez insoportable.

—¿Estás deseosa de ir a la escuela mañana?

—Creo que sí.

Las «terribles» consecuencias que Susana imaginaba no se basaban en otra cosa que en la ansiedad. Las vidas de algunas personas giran en torno al esfuerzo para evitar la ansiedad. El miedo al temor les consume el tiempo, y las ansias en cuanto a la ansiedad les producen tanta tensión que finalmente se cumple aquello que temen. El agorafóbico exclama con Job: «Y me ha acontecido lo que yo temía» (Job 3:25). La creencia errónea es la exageración de las malas consecuencias de un estado de ansiedad. Porque, aun cuando pueda ser verdaderamente incómodo, es poco probable que un momento de ansiedad le cause daño a una persona.

No queremos que las respuestas a los problemas de Susana parezcan demasiado simples, ni deseamos dar la idea de que las fobias se curan milagrosamente después de unas pocas entrevistas con un sicoterapeuta cristiano. Sin embargo, Susana ha hecho un gran progreso y está en vías de una real recuperación. Está aprendiendo a entender y a *actuar* en base a la verdad. Está aprendiendo a luchar contra sus creencias erróneas. Las expectativas irreales de sus padres respecto a ella, el rechazo de su hermano y sus amigos, así como el fracaso en los deportes y en la escuela, todo contribuye a su conducta ansiosa. No obstante lo maravilloso es que Susana no tendrá que esperar a ser adulta para aprender los principios que hacen que una vida sea normal y saludable. Los está aprendiendo ahora con la ayuda de Dios.

El amor de Dios es suficiente para los temores de ella. Este amor rodea, engloba y penetra su alma, donde viven sus emociones y sus pensamientos. Susana imagina al Señor yendo con ella al colegio; lo ve parado a su lado en el gimnasio, susurrándole al oído: «Susana, estoy contigo». Así que decide reemplazar algunas de las mentiras autocondenatorias que venía creyendo, por verdades tales como: «El Espíritu de aquel que levantó de los muertos a Jesús *mora en*» *mí* (Romanos 8:11). Lenta y gradualmente, Susana se integró al grupo de jóvenes de la iglesia, donde se convertirá en una luz que brille para el Señor, a quien está encontrando muy real.

Tal vez Susana haya sufrido más de lo que suelen hacerlo otras niñas de sexto grado, pero ha aprendido algo que muchos adultos todavía están tratando de descubrir: *Que aun cuando las cosas puedan ser desagradables, yo puedo vivir con esa situación sin venirme abajo, y que las cosas son desagradables sólo en la medida que me digo a mí mismo que lo son.*

Veamos cuáles son las principales creencias erróneas en cuanto a la ansiedad:

1. Si aquello que temo ocurriera, sería *terrible*.
2. Aun cuando la posibilidad de que eso ocurra es muy remota, igual creo que inevitablemente ha de suceder.

La mayoría de nuestras ansiedades no alcanzan las proporciones fóbicas. Tal vez usted se sienta ansioso y tenso si tiene que ponerse en pie y dictar una conferencia, o cuando se halla en una situación desconocida y novedosa que exige lo mejor de usted, pero lo más probable es que sus reacciones no alcancen proporciones fóbicas. Tal vez le tiemblen las piernas y se le haga un nudo en el estómago, pero al fin y al cabo se recupera.

Un actor se dice a sí mismo en el estreno de una obra, que con toda seguridad sufrirá un ataque al corazón justo antes de que se corra el telón. Transpira, se le enfrían las manos, le tiemblan las piernas. Le cuesta respirar: «No podré hacerlo», murmura, «no me acuerdo absolutamente nada del guión. Estoy enfermo».

Dos horas y media después, cuando se cierra el telón, se siente muy bien; ¿por qué? Porque logró hacerlo. Nos muestra una de las mejores curas para la ansiedad ante situaciones difíciles. Si tratamos de evitarla, la ansiedad aumentará. Si la enfrentamos y nos sometemos a la prueba, aquella desaparece.

Es probable que sea desagradable, pero ¿quién nos ha prometido que toda la vida será agradable? De alguna manera, el actor que mencionamos logró mover las piernas, dar un paso tras otro y entró en escena cuando le correspondía. De allí en adelante, todo salió bien. Logró hacerlo y, más aún, lo hizo muy bien. No importa si la obra en sí tuvo éxito frente a la opinión pública, lo que vale aquí es que el actor se zambulló en su ansiedad y logró superarla sin echarse atrás.

Cuando estés ansioso, pregúntate:

1. ¿Es terrible lo que me estoy diciendo?
   (El actor se dice a sí mismo que se le olvidará parte del guión, o que hará un mal papel. Piensa que eso es terrible.)
2. ¿Serán tan terribles los resultados como yo me afirmo a mí mismo que serán?
   (El actor dice que le ocurrirán cosas terribles si se olvida del guión o hace un mal papel.)

Ahora, rebate la cuestión de la siguiente manera:

1. No es terrible. Puede ser desagradable, pero de ahí a que sea *terrible* hay un largo trecho.
   («Algunas de las cosas que creo que son absolutamente terribles, en realidad son simplemente desagradables».)
2. Aun cuando ocurra aquello que temo, no sería *terrible*. Tal vez sea desagradable, pero con seguridad no sería el fin del mundo para mí.
   («Si ocurriera lo peor, las consecuencias no serían tan terribles como me he estado diciendo a mí mismo».)

CONDUCTA ESCAPISTA

El actor podría haberse negado a salir a escena la noche del estreno de la obra. Podría haber elegido huir o escapar de los sentimientos desagradables que estaba experimentando. Pero no lo hizo. Siguió adelante, enfrentó su ansiedad, ¿y después? Se sintió bien.

Muchas situaciones en la vida de usted podrán ser desagradables. En efecto, más de una vez te enfrentarás con situaciones y problemas que parecen insuperables. El evitar la situación o el problema a menudo los hacen más intensos. Evitar la ansiedad no es la manera de librarse de ella. Debe decirse a sí mismo:

1. Aun cuando me gustaría evitar determinadas circunstancias o situaciones, *no lo haré*. La conducta escapista sólo aumentará mi ansiedad. Seguiré adelante, experimentaré los sentimientos desagradables que ello me trae y los superaré.
2. No debo tener temor de los sentimientos desagradables. Son parte de la vida y no me matarán. A veces es bueno tener sentimientos desagradables.

Margarita es una mujer encantadora de cuarenta años que tiene la energía de una adolescente. Se las arregla para atender las necesidades de su familia además de tener un trabajo de tiempo completo fuera de la casa. Tiene varios pasatiempos y es activa en su iglesia como líder de un grupo de oración y como maestra de la escuela dominical. Los que la rodean la quieren mucho, por lo que tiene muchos amigos y conocidos. Pero tiene un problema: le da terror conducir un automóvil y se niega a aprender a hacerlo.

El problema se intensificó cuando su esposo decidió que era tiempo de que se mudaran a una casa más grande en las afueras de la ciudad. Margarita no pudo poner entonces la excusa de tomar el ómnibus para evitar su temor a conducir. Además, perdería las ocupaciones que le eran familiares, con las que se mantenía ocupada y se sentía segura. Así que tuvo que enfrentarse con la amenaza más temida: sentarse un día al volante y conducir el automóvil en calles y avenidas peligrosas. Esa idea le resultaba horrorosa. Y casi le costó su matrimonio.

—No me mudo —le dijo a su esposo terminantemente.

—Pero nos mudaremos a una casa mejor y más grande —trató de convencerla él—, tendrás todo lo que quieres.

—No iré.

—Pero, ¿por qué? ¿Qué ocurre?

—Detesto la vida en las afueras de la ciudad.

Su esposo no podía entender su actitud. Intentó hacerla razonar.

—Pero siempre habías dicho que sería muy lindo vivir en las afueras. Los chicos tendrán más aire libre, la casa será más moderna y más espaciosa, habrá menos ruido que aquí...

—No quiero hablar del tema. Si quieres mudarte, sigue adelante, pero irás solo.

—No me *quiero* mudar sin ti. Es una idea totalmente disparatada.

—Si me quisieras de verdad, no me harías esto.

—¿Hacerte *qué*?

Su esposo no se había percatado de las proporciones que tenía la ansiedad de Margarita. Hasta el momento, ella había logrado mantener sus temores sin revelar lo dolorosos que le resultaban. Las mentiras que se decía eran: «Si conduzco un automóvil, tendré un accidente. Podría matar a alguien. O matarme a mí misma».

Margarita y su esposo buscaron ayuda profesional para su matrimonio, y salió a la luz el verdadero problema. El temor que sentía Margarita era mucho más profundo de lo que ellos imaginaban.

Muy gradualmente, y luego de un largo período, Margarita pudo superar ese temor. Pudo tomar lecciones de conducir y comprarse un automóvil propio. Pudo *arreglárselas* con los sentimientos desagradables y *hacer* aquello que temía.

Sin embargo, ¿cómo pudo Margarita —o cualquier persona que esté experimentando una ansiedad intensa—, llegar al punto en que pierda el temor? La respuesta es *escuchar* las cosas que te dices a ti mismo, *rebatir* esas afirmaciones y *reemplazar* las creencias erróneas con la verdad.

En muy poco tiempo Margarita pudo ver claramente sus creencias erróneas. Estas eran: «El conducir un automóvil es lo más peligroso que se puede hacer. Es posible que haga alguna tontería o que algún error mío cueste una vida. Eso sería lo más terrible que podría acontecer». Así que aprendió a desafiar esa idea: «Conducir un automóvil *no es* lo más peligroso que puede hacer una persona. Vivir sin conocer a Jesús es más peligroso. Además, si cometo un error, podré enfrentar las consecuencias».

Aprendió a decirse a sí misma la verdad. «Aun cuando me produce ansiedad el ubicarme detrás del volante, lo *puedo* hacer». Poco a poco pudo progresar del simple hecho de sentarse al volante a encender el motor. («Lo *puedo* hacer, ¡en Cristo nada es imposible!»)

Luego, con alguien sentado a su lado en el asiento delantero, pudo poner el coche en marcha, acelerar lentamente y conducir apenas hasta el portón de la casa. Entonces frenó, apagó el motor y se dijo: «¡Lo logré! Manejé el automóvil. ¡Logré hacerlo! ¡Gracias, Señor!»

Al siguiente día, volvió a hacer el mismo recorrido. Y así por tres días más. Le preguntamos cómo se sentía al conducir por cuarta vez hasta el portón.

—Me sentí bien.

—¿No estuviste ansiosa?

—Realmente no. Me resultó agradable hacerlo.

—¿Por qué piensas que te resultó agradable?

—Bueno, supe que podía hacerlo. Lo había hecho ya tres veces antes y no me había afectado. Supongo que simplemente estuve segura de que no me iba a resultar tan terrible.

Nos alegramos y la felicitamos. Y entonces le preguntamos:

—¿Te animas a conducir hasta la esquina?

Margarita manejó hasta la esquina. Lo hizo varias veces con alguien al lado, hasta que lo hizo sola.

—¡Lo logré! —exclamó—. Nunca soñé que fuera posible.

La mayoría de los problemas de ansiedad tienen que ver con cuatro cosas:

1. El terror a cometer errores en público.
2. El miedo a molestar o enojar a alguien.
3. El temor a perder el amor de alguien.
4. El temor al dolor físico y a la muerte.

Estos temores son a menudo exagerados e innecesarios. En realidad, *tú* mismo eres quien te provocas la ansiedad, no las situaciones ni los acontecimientos. La ansiedad aparece a causa de que te dices a ti mismo que algo es *terrible*.

¿Qué quiere decir «terrible»? Casi siempre significa algo mucho peor de lo que pensamos que podemos soportar. Usted se dice a sí mismo que «terrible» es aquello que está más allá de lo que un ser humano puede aguantar, peor que cualquier cosa que exista. Pero, en realidad, no existe nada que sea así.

«Terrible» es algo que usted crees firmemente que no debiera existir. *Es terrible; por lo tanto no debiera existir*. Esto también es una creencia errónea.

Siempre existirán estímulos desagradables, frustrantes, desafortunados, inoportunos. Sin embargo, *tú controlas* tus propios sentimientos. *Son los pensamientos los que producen los sentimientos*. Nunca te vas a librar de todo lo desagradable que te rodea. Pero puedes adquirir la destreza de manejarlo con eficiencia. La creencia errónea de que la vida debiera ser siempre dulce, agradable y sin problemas, te hará completamente desdichado. Con estas ideas en la mente, tratará de evitar o de huir de cada problema en vez de superarlo.

Jesús nos dice claramente que vamos a hallar adversidades en este mundo, y que habrá problemas, pruebas y tentaciones de todo tipo. Él dijo: «En el mundo tendréis aflicción». Nos advirtió acerca del diablo, el enemigo de Dios que intenta destruir al hombre. Jesús, no obstante, luego agrega triunfante: «Pero confiad, yo he vencido al mundo» (Juan 16:33). Podemos librarnos de la ansiedad paralizante cuando descansamos en este hecho maravilloso: en Cristo estamos seguros, somos amados, protegidos, vigilados y vamos camino a la gloria eterna.

Librarse de la ansiedad implica: (1) disminuir el peligro en el cual afirma estar metido (recuerde: sus temores son exagerados); (2) reconocer que es *usted* quien produce sus propias ansiedades (usted creas sus propias creencias erróneas); (3) enfrentar esas creencias erróneas, desafiarlas (¿es esto realmente tan terrible como me lo digo a mí mismo?); (4) reemplazar las creencias erróneas por la *verdad*. No se preocupe si se siente débil. Jesús afirmó: «Mi poder se perfecciona en la debilidad» (2 Corintios 12:9).

Veamos algunas palabras de verdad con las que puede enfrentar las mentiras:

Porque esta leve tribulación momentánea produce en nosotros un cada vez más excelente y eterno peso de gloria (2 Corintios 4:17).

He aquí os doy potestad de hollar serpientes y escorpiones, y sobre toda fuerza del enemigo, y nada os dañará (Lucas 10:19).

Y yo os digo: Pedid, y se os dará; buscad, y hallaréis; llamad, y se os abrirá (Lucas 11:9).

Someteos, pues, a Dios; resistid al diablo, y huirá de vosotros (Santiago 4:7).

... porque mayor es el que está en vosotros, que el que está en el mundo (1 Juan 4:4).

Pero los que esperan a Jehová tendrán nuevas fuerzas; levantarán alas como las águilas; correrán, y no se cansarán; caminarán, y no se fatigarán (Isaías 40:31).

Oremos juntos: «Crea en mí, oh Dios, un corazón limpio, y renueva un espíritu recto dentro de mí». Y ahora esperemos grandes cosas a medida que Dios responde a nuestra oración. La ansiedad ya no tendrá poder para dominarle.

CAPÍTULO SIETE

Las creencias erróneas respecto
a la falta de dominio propio

Ana tiene la mirada abatida, la voz baja y temblorosa. «No tengo esperanzas... es como si, bueno... como si siempre estuviera mal... como si no hubiera salida... Parece que no lograra arrancar. Es que... Dios sabe que oro y oro, pero nunca ocurre nada. Nunca recibo respuestas a mis oraciones. No tengo esperanzas».

Por sus pálidas mejillas le corren las lágrimas. «Esperaba que Jesús me cambiara cuando le entregué mi vida hace cinco años, y lo ha hecho. En realidad, hay muchas cosas en mi vida que han cambiado y Dios me ha bendecido de muchas maneras, pero hay una cosa en la que no parezco progresar en ningún sentido, y es el dominio propio... ¿Sabe a qué me refiero?»

Ana sigue hablando sintiéndose desdichada. «Por ejemplo, necesito un trabajo, pero sencillamente no salgo a buscarlo. Siempre hallo alguna excusa para no salir, a pesar de que leo los avisos que ofrecen trabajo, y a veces encuentro algo que puede ser interesante. Pero como ve, tengo que perder peso, al menos unos quince kilogramos, quiero llegar a pesar unos cincuenta y cinco kilos, pero sencillamente *no lo puedo hacer*. He orado una y otra vez por esto, pero parece que no puedo impulsarme...»

En los cuarenta minutos siguientes Ana descarga muchos «No puedo», cada uno de ellos precedido por frases como: «No tengo esperanzas», o: «No tengo tal cosa», y al fin termina con el quejido: «Dios no se ocupa de mí. Si lo hiciera, ya me hubiera cambiado».

David es un apuesto vendedor de automóviles. Tiene treinta y cinco años. Pero sus ojos luminosos y su amplia sonrisa desaparecen cuando explica: «Es como si fuera víctima de algo. Quisiera que viera el papeleo que tengo que terminar de hacer, toneladas, y no logro hacerlo. Mi falta de disciplina es deplorable. Y eso no es todo. Llego tarde a todas partes, siempre. Duermo demasiado. Y hago un montón de cosas que no debería hacer. Siempre encuentro una excusa, pero este último mes el llegar tarde me costó 3.300 dólares. El mes pasado también me salió caro. ¡No puedo seguir así!»

Beatriz, da golpecitos con su cigarrillo en el cenicero repleto de colillas. «Me encantaría dejar de fumar. Pero no logro dominarme. Es probable que me muera de cáncer del pulmón y, con todo y eso, mis últimas palabras serán: «¿Me convidas un cigarrillo?» He intentado dejarlo, una vez aguanté tres meses sin dar una sola fumada, pero aquí estoy, fumando dos paquetes por día. Algunas personas tienen dominio propio, otras —como yo—, no lo tienen».

Para la mayoría de nosotros no hay salida fácil para las dificultades y responsabilidades de la vida. Es mucho más fácil culpar a Jesús por no haber salido a buscar trabajo que hacer algo por el problema. Es mucho más fácil seguir durmiendo y evitar la tremenda tarea de encarar papeles atrasados que sentarse a trabajar con ellos. Es mucho más fácil seguir fumando que dejar de hacerlo. Es mucho más fácil sentarse frente al televisor con una bolsa de papas fritas que encarar un programa de ejercicios físicos o alguna dieta.

Eliana, una turbada madre de dos hijos, exclama: «Me siento como una pelota de goma, que rebota sencillamente donde la arrojan. Todo el tiempo estoy tomando nuevas resoluciones, como por ejemplo: "Me voy a poner a leer más la Biblia", o: "Voy a empezar a hacer ejercicios para tonificar los músculos", o: "Voy a limpiar la casa antes del mediodía, y recién después haré tal o cual cosa". Pero luego, todo lo que hago es sentarme al teléfono toda la mañana o mirar telenovelas en lugar de leer la Biblia. O soy capaz de comerme un plato de helado a la vez que deseo adelgazar. ¿Dónde está el dominio propio en mi vida? ¿Acaso no se supone que debiera tenerlo? ¿No es uno de los frutos del Espíritu Santo?»

Muchas personas prueban con las drogas, el hipnotismo y hasta con la cirugía en su desesperada huida por alejarse de las responsabilidades y las tareas dificultosas, pero rara vez esos métodos dan resultados duraderos o la felicidad tan deseada.

Le pedimos a Ana que enfrentara las razones por las cuales no quería salir a buscar trabajo.

—Bueno, no sé. Simplemente no puedo hacerlo.

—¿Tienes miedo de buscar trabajo?

—Supongo que sí. Seguramente me rechazarían.

—Pero dijiste que estás capacitada para diversas funciones.

—Sí, es cierto. Pero eso no quiere decir nada. Supongo que le temo al rechazo.

—Pero, ¿por qué le temes al rechazo? ¿Qué hay de malo en ser rechazado?

—¿Está bromeando? ¿Qué hay de *malo* en el rechazo? Es lo peor que le puede pasar a uno. A la gente le gusta ser aceptada y querida.

—Dijiste que estás capacitada para obtener un buen trabajo, que has hecho un curso de dos años de secretariado y que tienes habilidad para las tareas comerciales. ¿Qué te hace pensar que te rechazarán cuando te presentes a pedir trabajo?

—Bueno, buscan muchachas bonitas...

—Un momento, ¿te estás diciendo a ti misma que no eres lo suficientemente *atractiva* como para conseguir un buen puesto?

—¿Acaso no es obvio? Míreme, tengo unos quince kilos de más.

Ponga atención a lo que la persona se dice a sí misma aquí. Ana se dice a sí misma que no puede obtener un trabajo, pero su razón le dice que probablemente sí podría conseguir alguno, porque está capacitada para el tipo de trabajo que le gustaría hacer. Entonces busca decirse otra mentira: que no es suficientemente atractiva. (Si fuera verdad, en el mundo no existirían personas gordas ni poco atractivas que estuvieran trabajando.)

—Solía tener el cuerpo de una modelo. Como se dice: «causaba sensación». Pero ahora estoy totalmente disgustada conmigo misma.

—¿Y es realmente importante que causes sensación para que puedas sentirte bien respecto a ti misma y aceptarte? ¿Qué pasaría si aquello que tú consideras atractivo no lo es en realidad? Suponte que se considere que una mujer de tu estatura y constitución no debe pesar menos de noventa kilos.

—Ahora peso setenta.

—Bueno, ¿qué harías?

—Probablemente aumentaría de peso.

—Entonces pesarías mucho más del peso con que «causabas sensación». ¿Considerarías al aumento de peso como el resultado de una falta de dominio propio?

—Es posible que no. Pensaría que subí de peso porque me propuse hacerlo.

—Suponte que te «propongas» bajar de peso.

—Lo haría.

La salida fácil de Ana es evitar los problemas y no hacer nada. Se pone metas altas, se preocupa pensando que no las podrá cumplir, se ensimisma de frustración pensando en un imaginario rechazo, se disgusta, se enoja, se siente culpable y nunca se propone hacer en verdad las cosas que quisiera desesperadamente poder hacer.

Ana y otros como ella que sufren por la falta de dominio propio se dicen mentiras hasta que llega el punto en que gritan sus acusaciones al cielo: «¡Jesús no contesta mis oraciones! No me va a cambiar. ¡No me ama!»

Mentiras.

No es raro que los cristianos que carecen de dominio propio se quejen también de falta de alegría, sentimiento de culpa, honda insatisfacción en la vida, falta de confianza en sí mismos y enojo contra Dios.

Muchas de nuestras creencias erróneas las adquirimos por los medios de comunicación como los periódicos y la televisión.

Las creencias erróneas asociadas con un escaso dominio propio se ven estimuladas por esos medios masivos. Mire suficientes propagandas comerciales en la televisión y comenzará a creer que debiera obtener todo lo que desea. Aceptamos con mucha facilidad la invitación a «tener» algo para «ser» alguien que posea la aprobación de todos los que nos rodean. Estas creencias erróneas nos dicen que *obtengamos* aquello que deseamos y que lo obtengamos ahora mismo (mientras todavía somos jóvenes, o mientras dure la liquidación, o mientras haya).

Las creencias erróneas relacionadas con la falta de dominio propio son:

1. Si desea algo, tiene que obtenerlo, sin tener en cuenta ninguna otra cosa.
2. Es terrible e injusto tener que esperar para obtener algo que deseamos, sobre todo si lo deseamos con vehemencia.
3. Es terrible sentirse incómodo o frustrado. (Hay que evitar el disgusto a toda costa.)
4. No es posible controlar nuestros deseos más intensos. Son «necesidades» y no se puede vivir si no se las satisface. No es posible soportar los momentos de frustración o falta de gratificación.
5. No se puede aguantar el dolor ni la incomodidad física.
6. No se puede aguantar si no se duerme muy bien.
7. No se puede aguantar no ser tratado como lo hacían nuestros padres sobreprotectores.
8. No se pueden soportar circunstancias que no están de acuerdo con nuestros deseos. Tal vez se pueda «aguantar» ese estado de cosas, pero no dejan de ser terribles, y usted se encargará de publicarlo a los cuatro vientos.
9. No se puede aguantar el tener que hacer esfuerzos físicos.
10. No se puede aguantar ningún tipo de fracaso.
11. No se puede luchar contra los propios deseos, son demasiado fuertes para que pretenda enfrentarlos.
12. No se puede renunciar a algo porque uno es débil, y aunque *esto* es algo perjudicial para usted, al menos suple su necesidad de gratificación. (*Esto* representa cualquier hábito que le sea problema.)
13. Tiene derecho a infligir sus demandas a otros.

Varias generaciones de padres han sido criadas con estos conceptos y ellos los han transmitido a sus hijos. Los consultorios de sicólogos y pastores están llenos de hombres, mujeres y niños que son el resultado de esas creencias erróneas. Los llamados métodos educativos «progresivos» a menudo provocan la creencia errónea de que debemos obtener y poseer lo que queremos y nos gusta, y descartar todo lo demás.

Una joven pareja está almorzando en un restaurante, un día domingo, con su hijo de dos años. El niño está sentado sobre una silla alta y comienza a patear la mesa con los pies.

—¿Qué pasa, querida?

—Quiere pan.

La mamá le alcanza un trozo de pan. El niño lo arroja al suelo y emite un alarido.

—No quería pan. ¿Qué le ocurre?

—Quiere tu pastel.

—Pero no se comió su propio pastel. Algo le molesta.

Papá hace un gesto con los dedos para llamar la atención del niño gritón.

—¿Qué sucede, hijo? ¿Qué pasa? Mira, juega con tu cuchara.

El niño arroja la cuchara por encima de la mesa hacia su padre.

—Ocúpate *tú* de él. Tal vez quiera ir al baño.

Mamá mira al niño gritón y le dice:

—¿Quieres ir al baño?

El niño grita y golpea la silla.

—Leche. ¡Ofrécele leche!

—Aquí está, querido. Toma tu leche. Vamos, abre la boca, aquí viene el tren, chuku-chuku al túnel... —y toda la leche va a parar sobre la falda de mamá.

—¿Por qué no haces algo por él, *tú?*

—Tal vez le duele el estómago.

Aquí la interacción se está haciendo muy evidente. El niño puede comunicar sus necesidades a la perfección, pero ha sido formado sistemáticamente bajo la idea de que sus padres están sólo para evitarle el problema de enfrentarlas, e incluso para evitar que tenga que poner de manifiesto sus necesidades. Aunque el niño podría comer solo, no se ve necesitado de hacerlo; aunque podría manejar algunas de sus cosas o al menos pedir ayuda para ellas, no se le da la oportunidad. La atención constante que recibía le reforzó la posibilidad de seguir gritando. No sólo eso, sino que al satisfacer todas sus necesidades (leche, pastel, pan, ir al baño) aprendió que podía obtener todo cuanto quería, y que no tendría ni siquiera que esperar para obtenerlo. También comprendió que nunca tendría que afrontar la más mínima incomodidad o disgusto.

Más adelante en la vida, el niño gritón refuerza muchas de esas creencias erróneas, a medida que sus padres continúen dándole todo aquello por lo que exprese el mínimo deseo. Las cosas que él mismo podría hacer las halla hechas, o nunca tiene que esperar nada. También ha aprendido que es *terrible* estar incómodo y que, por encima de todo, no tiene por qué sufrir el mínimo disgusto o malestar.

¿Qué ocurre con este niño, entonces? Crece y descubre que sus amigos no cumplen con sus demandas y expectativas. («Todo el mundo me odia».) Sus maestros no lo adoran ni justifican su falta de obediencia. («Nadie me entiende ni se preocupa por mí».) Descubre que otras personas se niegan a hacer por él lo que él mismo puede hacer. («Este mundo está podrido».) Encuentra que la sociedad exige de él que se adapte a un cierto código moral. No se puede imaginar negándose a sí mismo algo que quiere, de modo que cuando sus compañeros le ofrecen drogas, no encuentra ninguna razón para rechazarlas. Se pone gordo y fofo porque no acepta sufrir inconvenientes ni postergaciones. No puede imaginarse llevando una vida casta; después de todo, uno debiera poder obtener lo que quiere en el momento en que lo quiere. Cree que todos sus caprichos son *necesidades* vitales que siempre tienen que ser satisfechas. Estas «necesidades» erróneas tienen que ser satisfechas o se sentirá desdichado. («La vida es un asco, mejor me pego un tiro».)

¿Dominio propio? ¿Qué es eso?

Si su hijo adolescente se parece al niño gritón, no se apresure a condenarse como un padre fracasado. No lo es. Tiene derecho a equivocarse, igual que todo el mundo. *La conducta se aprende*. Su hijo puede aprender a desarrollar el dominio propio tanto como puede aprender a evitarlo. Nunca es demasiado tarde. La mayoría de las personas felices y productivas que conocemos, son así porque se han tomado el trabajo de llegar a serlo. Se han *superado*. Tal vez no siempre fueron ejemplos perfectos de dominio propio y dedicación, pero han logrado conquistas personales superiores a cualquier cosa que se hubieran imaginado antes.

El diablo se las ha ingeniado para convencer a millones de personas que el dominio propio es algo que sólo los demás individuos pueden tener. «Sencillamente no logro controlarme», dice alguien dándolo por sentado. Mientras esa persona siga creyendo esa mentira, ¡hará que se convierta en verdad! Encontrará que, en realidad, *no puede* abandonar aquello que quiere dejar de hacer, que *no puede* hacer aquello que verdaderamente quisiera hacer, que *no puede* resistir aquello que sabe que tiene que evitar.

El «no puedo» es una mentira. *Puede.* Reconozca inmediatamente la mentira. Mire estas frases un momento:

1. *No puedo* bajar de peso.
2. *No puedo* controlar mis pasiones.

Recuerda lo que dijimos anteriormente: los sentimientos se manejan con el pensamiento. Si *piensa* y *se dice* a *sí mismo* que no puede controlarse, con seguridad que no podrá hacerlo. ¿Puede cambiar esas frases?

LA VERDAD

1. Es ridículo y tonto creer que no voy a poder bajar de peso. ¡Claro que puedo bajar de peso! Puedo negarme a mí mismo y a mis apetitos. Puedo dejar de comer cosas que engordan. ¡Puedo hacer cualquier cosa por medio de Cristo que me fortalece!
2. Claro que *puedo* controlar mis pasiones. Jesús murió en la cruz para librarme de cualquier vestigio de maldad, y yo *no* voy a sucumbir ante el desenfreno de la carne. Es mentira que no tengo dominio propio.

LA CREENCIA ERRÓNEA DE QUE UN FRACASO IMPLICA QUE SIEMPRE FRACASARÁ

Hay muchas mentiras acerca del dominio propio o la falta de él. En realidad, muchas personas se *entrenan* para creer que son débiles, inútiles e incapaces. Esas personas se dicen a sí mismas:

«No puedo hacer tal cosa porque no tengo ayuda. Soy un fracaso en *todo* lo que hago».

Norma no pudo terminar el curso de dos años en una escuela bíblica afiliada a su iglesia. Tampoco pudo mantener su trabajo, por lo que tuvo que ir a vivir con su hermana y su cuñado. Comenzó a visitar bares para solteros donde conoció a un joven y se inició entre ellos un noviazgo que incluía relaciones sexuales. Pero él desapareció cuando supo que Norma había quedado embarazada. Sin trabajo, sin dinero, sin hogar, salvo por el sofá en la sala de estar de la casa de su hermana, y embarazada, las perspectivas para la vida de Norma se presentaban muy amargas.

Norma se enseñó a sí misma a pensar que era una persona débil, inútil, incapaz e inadaptada. Se dijo a sí misma que había amontonado tantos fracasos en su vida que, ¿cuál otra posibilidad había para ella que no fuera otro fracaso? «Fracasos y fracasos, nada más que fracasos. ¿Todo para qué? ¿De qué vale vivir así?»

Lo de que un fracaso implica que siempre fracasarás es una creencia errónea, una mentira. Si observa la historia, verá qué mentira tan grande es esa falsa creencia. El antiguo refrán: «Si en la primera fracasas, insiste otra vez», no es erróneo. Norma necesitaba ayuda para aprender a apreciarse a sí misma, a valorarse a sí misma, para ver que en realidad era un ser humano muy importante por el que Dios estaba profundamente preocupado.

A partir de entonces pudo aprender a practicar las conductas que refuerzan esa verdad, cosas que eran positivas para ella en lugar de nocivas.

Más adelante comprendió que podía volver a la escuela y terminar sus estudios. Encontró un departamento para ella y el bebé en el mismo edificio de su hermana y desarrolló muchas amistades con otros cristianos que la querían y se preocupaban por ella. Norma encontró su verdadero ser en Cristo Jesús, que jamás dijo: «Un fracaso implica que fracases siempre».

Beatriz es una mujer de treinta y seis años, bonita y muy trabajadora, pero totalmente perturbada a causa de su hábito de fumar. Se siente atrapada en un vicio del que no ve ninguna salida.

—No hay caso. He tratado de dejarlo y no puedo. Siempre vuelvo a fumar.

—¿Te parece que cuando una persona prueba algo y fracasa, ese algo se vuelve imposible de lograr?

Beatriz se queda pensando por unos momentos.

—Supongo que no. Solicité trabajo en ocho escuelas antes de entrar en donde trabajo ahora.

—Eso destruye tu hipótesis original de que un fracaso implica fracasar siempre.

—Mi hermano dejó de fumar hace algunos años y dice que ni siquiera ha vuelto a pensar en fumar. Que ni siquiera lo echa de menos.

—¿Había tratado de dejar de fumar antes?

—Claro. Trató muchas veces. Una vez lo dejó por unas semanas, otra vez por algunos meses. Pero después, un día lo dejó del todo y no ha vuelto a encender otro cigarrillo.

—¿Ves cómo es la cosa, Beatriz? Tu hermano intentó varias veces de dejar de fumar, lo mismo que tú. Y, al fin, un día lo *dejó* de manera definitiva. Es totalmente falso decir que un fracaso pasado determina que se siga fracasando en el futuro.

Beatriz se había aferrado a su creencia errónea como el niño que se aferra a su osito de felpa. Si lograba convencerse de que su costumbre no era culpa suya, que de alguna manera era una víctima inocente, podría seguir fumando sin tener que decirse a sí misma que no. La mentira que dice: «No puedo hacer algo porque no lo pude hacer antes», es una completa falsedad.

Jesús nos da libertad para que podamos ser la clase de persona que Dios designó que fuéramos: íntegros, hermosos y capaces de usar su fuerza como si fuera nuestra.

No temas, porque yo estoy contigo; no desmayes, porque yo soy tu Dios que te esfuerzo; siempre te ayudaré, siempre te sustentaré con la diestra de mi justicia (Isaías 41:10).

Para tener dominio propio es importante identificar las creencias erróneas que nos decimos. Muy a menudo descubrirá que sus problemas de dominio propio están vinculados con la siguiente lista de mentiras. No se permita seguir mascullando esas mentiras una vez que las haya identificado.

LAS CREENCIAS ERRÓNEAS EN NUESTRO MONÓLOGO INTERNO

- Nadie tiene interés en mí, ¿por qué voy a preocuparme por ser (delgado, sobrio, constante, no fumador o cualquier otra cosa)?
- He tenido una vida muy dura (o me han tratado muy mal en la vida), y me corresponde un poco de indulgencia. De modo que me daré libertad para (fumar, beber, comer, robar o cualquier otra cosa).
- Soy un despojo inservible, de modo que en realidad no importa si (me destruyo a mí mismo, me hiero a mí mismo, me hago adicto a alguna cosa que me haga daño, o cualquier otra cosa).
- He trabajado tanto y hecho tantos sacrificios que ahora merezco el derecho de (robar, beber, fumar, excederme con la comida, o cualquier otra cosa).
- *Necesito* _____ (llene el espacio en blanco)
- No puedo seguir sin _____ (llene el espacio en blanco)

Emplee su determinación y su energía para resistir cada una de esas creencias erróneas con la *verdad*. El Señor le sostiene con su mano derecha.

El apóstol Pablo afirma: «Bienaventurado el varón que soporta la tentación; porque cuando haya resistido la prueba, recibirá la corona de vida, que Dios ha prometido a los que le aman» (Santiago 1:12). A los cristianos de Corinto les dice: «Estad firmes y constantes, creciendo en la obra del Señor siempre» (1 Corintios 15:58). Y su oración para los cristianos de Éfeso era que el Señor «os dé, conforme a las riquezas de su gloria, el ser fortalecidos con poder en el hombre interior por su Espíritu» (Efesios 3:16).

¿Dónde está nuestra fuerza? En el hombre interior, en la *persona* interior, en nuestra alma donde los pensamientos dan vueltas y vueltas esperando crear nuestros sentimientos y actitudes. Cuando Pablo dice: «Todo lo puedo en Cristo que me fortalece»

(Filipenses 4:13), nos da un principio dinámico para despedazar las mentiras, sobre el cual podemos basar la vida misma. Este versículo es cierto para todo el campo de la conducta del dominio propio. Pablo estaba escribiendo sobre sus propias experiencias en cuanto a que se privaba y sufría escasez voluntariamente por causa de Cristo. «¡Todo lo *puedo!*», declaró triunfante para las generaciones que le seguirían.

Para tener dominio propio, tiene que enfrentar activamente sus creencias erróneas con la espada del Espíritu, la *verdad*.

¿Cuánta de nuestra conducta es realmente inevitable? Carolina, que tiene unos treinta kilos en exceso, dice que no puede perder peso, que es *impotente* para bajar de peso. Su debilidad son los helados. Le pedimos que se imaginara a sí misma sentada en una heladería frente a un enorme helado. Está a punto de introducir la cuchara en el helado cuando de pronto escucha una voz a sus espaldas.

—¡Deja la cuchara! —dice amenazadoramente la voz.

Por unos momentos se queda pasmada.

—Dije que *dejara* la cuchara, señorita —repite la voz, y ella siente algo duro y frío en la sien; la voz suena feroz—: Esto es un revólver, señorita, y si toma un bocado de esa cosa horrible le hago volar la cabeza.

La reacción de Carolina es inmediata.

—No iba a comerme el helado —dice con voz entrecortada.

—¿No lo iba a comer?

—¡Ni siquiera lo iba a probar!

Se le esfumó la impotencia.

Beatriz, que insiste que *no puede* dejar de fumar, cambia repentinamente de parecer cuando le decimos que imagine un billete de mil dólares entre ella y el paquete de cigarrillos.

—Imagínate que alguien te promete que si dejas de fumar por un día, te regala el billete de mil dólares.

Se le ilumina el rostro.

—No me acercaría a un cigarrillo —dice riéndose.

Seguimos con la historia

—Y luego imagínate que al final del día cuando te han dado el billete, aparece otro delante de ti con una voz que dice: «Beatriz, si no tocas un cigarrillo durante otras veinticuatro horas, tendrás otro billete de mil dólares», Beatriz se entusiasma.

—A ese paso, ¡me haré rica! Creo que ni *desearía* un cigarrillo.

—Entonces suponte que después de las veinticuatro horas, cuando te has ganado otros mil dólares, te presentan un pasaje para una gira de turismo por Hawái. Y te dicen: «Este pasaje será tuyo si te niegas a fumar por tres días seguidos».

—¡Estupendo! —dice Beatriz.

—Y luego, como algo adicional, tu benefactor te dice: «Por cada semana que no fumes ni des una fumada, recibirás un cheque certificado por el monto de mil dólares».

Beatriz se echa a reír.

—¡Ya veo lo que quiere decirme! Con esa oferta, dejaría de fumar muy pronto. ¡Hasta me anotaría en alguna campaña en contra del cigarrillo!

No *somos* impotentes. *Tenemos* dominio sobre nuestra vida. *Podemos* hacer aquello que creemos posible.

LA CREENCIA ERRÓNEA DE NO NEGARSE NADA

¿Es realmente doloroso negarse alguna cosa? ¿Se imagina algo así como la muerte o la pérdida de un miembro? Cuando se siente con hambre, sed, sueño, frustración, nervios o insatisfacción, ¿es algo así como estar en el fondo del infierno? Cuando se ve obligado a soportar incomodidad, interrupciones o distorsiones de sus planes, ¿se dice a usted mismo que se le cae el mundo encima?

A veces no es fácil negarse a uno mismo. No es fácil privarse de algo que en verdad deseamos, no es fácil renunciar a algo que valoramos mucho, no es fácil perder algo a lo que le tenemos mucho cariño. Pero a veces, para obtener una vida más elevada y noble, es necesario hacerlo. En realidad, descubrirá que en la mayoría de los casos, para obtener algo valioso en su vida, tiene que estar dispuesto a tolerar incomodidad, disgustos, ansiedad o descontento. Los mayores logros se consiguen a menudo cuando se está dispuesto a aceptar situaciones que suelen ser muy desagradables.

Es *posible* negarse a sí mismo. Es *posible* decirse no a uno mismo. No es el fin del mundo tener que sufrir. Es posible aguantar. Realmente se puede.

Martín, un brillante estudiante licenciado de sicología, pensaba que era de los que se vendría abajo si tuviera que negarse alguna cosa que le fuera realmente querida, y un día su esposa lo dejó y se llevó a los niños. Le cayó como una bomba. Logró seguir estudiando a pesar del sufrimiento pero su vida se convirtió en un tormento. Comenzó a beber para olvidar el dolor, pero eso no hizo más que aumentar sus sentimientos de culpa e inutilidad.

Le costó mucho esfuerzo de su parte decirse finalmente: «Bueno, mi familia se ha ido, pero no tengo que sentirme solo. Tampoco necesito beber para soportar el dolor. *Puedo* aguantarlo. No me va a matar».

Martín hizo tres cosas que cambiaron totalmente su vida:

1. Reconoció que se estaba autodestruyendo con la creencia errónea de que su vida y su felicidad dependían de otra persona. La felicidad depende de nuestra relación con Jesús. Ninguna otra persona tiene que ser la fuerza que controle nuestra vida. «Al Señor tu Dios adorarás, y a él sólo servirás» (Mateo 4:10).
2. Rebatió sus creencias erróneas. Se dijo a sí mismo la verdad. («Amaba a mi esposa y todavía la amo, pero Jesús es el Señor de mi vida».)
3. Se negó a dejarse arrastrar por la tentación de sumirse en la autocompasión y la soledad, dejó de beber para evitar el dolor. («*Puedo* aguantar el dolor».)

Es *posible* negarse a sí mismo.

Es *posible* esperar para obtener aquello que se desea. «Con vuestra paciencia ganaréis vuestras almas» (Lucas 21:19). Su alma es su intelecto, sus emociones y su voluntad. ¡Qué papel tan importante juega la paciencia en la seguridad de su alma!

Hable la verdad con usted mismo. Dígale a su alma que todo anda bien. Que *puede* vivir exitosamente en medio de los inconvenientes, la incomodidad, los disgustos y otros sentimientos negativos.

LA CREENCIA ERRÓNEA DEL «NECESITO»

Confundimos dos cosas: «Quiero» y «Necesito». La palabra *necesidad* implica que no se puede vivir sin aquello a lo que se refiere. Un coche *necesita* aceite en el motor, las plantas *necesitan* agua, los seres humanos *necesitan* oxígeno. Pero cuando usted se dice que *necesita* un vaso de vino o un par de zapatos azules, no está hablando de alguna *necesidad*, está hablando de algo que *quiere*.

Todos en un momento u otro nos hemos dicho a nosotros mismos que *necesitamos* desesperadamente algo que, en realidad, sólo *queremos con* desesperación. «*Necesito* mi almohada favorita para poder dormir bien y con tranquilidad». «*Necesito* mis tranquilizantes. Si no los tomo, los nervios me van a reventar». «*Necesito* ser aceptado por las otras personas para aceptarme a mí mismo». «*Necesito* que un hombre (o una mujer) me ame para poder tener una vida plena y satisfactoria».

Estas frases, por supuesto, no son ciertas.

Si usted se dice a sí mismo que *necesita* algo, o que no *puede soportar* algo, o que *debe obtener* algo, trate de detenerse y volver atrás para observar. Escuche las cosas que se está diciendo.

«Ya *no soporto* vivir en esta casa», o: «*Debo tener* gente a mi alrededor que me quiera y se preocupe por mí», o: «*No puedo aguantar* la soledad», son ejemplos de frases ficticias. En realidad, se puede seguir adelante a pesar de todas esas dificultades. Ha soportado muchas contrariedades en su vida, y si tuviera que hacerlo, soportaría pruebas más duras que esas todavía.

Diciéndose que *no puede aguantar* algo, aumenta la posibilidad de evitar o evadir el sufrimiento. Al evitar y evadir todo lo desagradable de su vida, se priva a sí mismo de las recompensas de la persistencia, de la paciencia, de la esperanza, del valor y hasta de la misma fe. Eso *no* quiere decir que tiene que aceptar sin cuestionar todas las cosas desagradables o difíciles, ni que tenga que pedirle a Dios que le envíe pruebas o sufrimientos.

Por supuesto que existen cosas de las que más bien debiéramos librarnos, evitarlas, rechazarlas. No se debe dañar a usted mismo voluntariamente, ni llevar a cabo hechos destructivos que incluso están en contra de los propósitos de Dios. No deseamos «aceptar» lo negativo ni alguna cosa dolorosa de la vida, si el Señor afirma claramente en su Palabra que hemos sido liberados por medio de la sangre que Cristo vertió en el Calvario.

La Biblia dice: «Resistid al diablo, y huirá de vosotros» (Santiago 4:7), y eso implica que no debemos aceptar ciegamente, ni sumirnos en la negatividad, la enfermedad y el desastre. Jesús murió en la cruz para redimir nuestra vida del pecado, la enfermedad y la destrucción. «Con justicia serás adornada; estarás lejos de opresión, porque no temerás, y de temor, porque no se acercará a ti» (Isaías 54:14). Esa es una promesa motivadora y hermosa.

Y, sin embargo, ahí se encuentra, tratando de esquivar el tener que salir a buscar trabajo. Mejor se queda en casa. No quiere tener que enfrentar el día de trabajo, la gente, las exigencias; quiere sencillamente quedarse en casa, donde usted se dice que está protegido y cómodo.

Y luego se dice que, en realidad, no lo puede evitar a menos que se enferme y permanezca enfermo, y es demasiado inteligente como para eso, entonces lucha contra la tentación de sucumbir y hace un plan para buscar trabajo. «La gente tiene que trabajar para comer, y yo no soy diferente de ninguna persona», se dice correctamente. Cuando al fin encuentra un trabajo y lo acepta, continúa diciéndose la verdad y se niega a recitar las quejas y las palabras de miedo y preocupación. Dice: «Me gustaría quedarme en casa, pero ahora tengo que trabajar. Voy a trabajar para la gloria de Dios. Voy a enfrentar esta nueva experiencia en lugar de huir de ella. Aunque me cueste, ¡lo puedo hacer!»

Descubrirá experiencias nuevas y emocionantes en la vida, además de cosas muy gratas acerca de usted mismo cuando lo que *necesita* y lo que *quiere* adquiera el lugar adecuado en su pensamiento. Verá que se las puedes arreglar muy bien sin todo lo que quisiera tener, aunque muchas veces lo que usted quiere aparece como una necesidad. Puede ser muy feliz, incluso ser una persona mejor, si lo pasa sin algunas cosas de las que quiere, aun cuando le parezcan muy razonables y respetables.

San Pablo no tenía esa confusión entre el querer y el necesitar. Pudo levantarse por encima de la angustia y las quejas de los deseos y las necesidades insatisfechas. «Sé vivir humildemente, y sé tener abundancia; en todo y por todo estoy enseñado, así para estar saciado como para tener hambre, así para tener abundancia como para padecer necesidad» (Filipenses 4:12). No caía en la desesperación cuando las cosas andaban mal, cuando sufría persecución. Nos dice con confianza: «Mi Dios, pues, suplirá todo lo que os falta conforme a sus riquezas en gloria en Cristo Jesús» (Filipenses 4:19).

Aprenda a distinguir entre lo que necesita y lo que quiere para su vida. Haga una lista de las cosas que quiere. Al lado de ella haga otra lista con las cosas que necesita. ¿Cuántas de las cosas que quiere las ha considerado como necesidades?

LA ELECCIÓN: EL CAMINO AL GOZO

Cuando usted se dice que no puede vivir sin alguna cosa o que es terrible que tenga que sufrir incomodidad o privarse de algo, está aprendiendo una actividad que se llama *elegir*.

En vez de decir: «*Necesito* _____» (llena el espacio en blanco), diga la verdad, que es: «Escojo tener _____» (llena el espacio en blanco).

Somos responsables de nuestras elecciones.

Carmen es una joven estudiante que está cursando su primer año en la universidad. Se dice a sí misma que «es débil y fácil de amedrentar». Habla de su dominante madre y explica que está estudiando porque así lo quiere su mamá.

La verdad es que Carmen *escoge* permitir que su madre sea dominante. *Escoge* ir a la universidad para agradar a su madre. *Escoge* una conducta débil e intimidable.

Muy a menudo evitamos admitir que somos responsables de nuestra propia vida. Nos gustaría cargar la responsabilidad sobre otras personas, circunstancias y eventos; no sobre nosotros mismos y nuestras propias *elecciones*. Muy a menudo escuchamos palabras como las que siguen: «Si mi esposo actuara más como el jefe de familia, yo no me sentiría tan frustrada».

(No es verdad. La verdad es: «*Escojo* estar frustrada porque *me digo a mí misma* que mi esposo no actúa como la cabeza de la familia».)

«Si no me sintiera tan mal y tan sola, podría dejar de comer en exceso».

(No es verdad. La verdad es: «*Me digo* a *mí misma* que estoy mal y que me siento sola, y *escojo* comer en exceso».)

«Si pudiera encontrar la iglesia adecuada, asistiría todos los domingos».

(No es verdad. La verdad es: «*Me digo* a *mí mismo* que no encuentro la iglesia adecuada y entonces *escojo* no asistir».)

«Mis hijos son tan terribles que he desarrollado un carácter que no puedo controlar».

(No es verdad. La verdad es: «*Me he enseñado* a responder a la mala conducta de mis hijos con arranques de enojo. *Escojo* esa conducta».)

Cuando se vea a sí mismo asumiendo la actitud de decirse mentiras, no demore en ponerles el título de «falsedad», y en reemplazarlas con la verdad.

SOY RESPONSABLE DE MIS ELECCIONES

- Admita que es *usted* quien hace las elecciones.
- Recuerde que *es* responsable de lo que está escogiendo.
- Prepárese a aceptar las consecuencias de su conducta aun cuando sean desagradables.

Una muchacha soltera que está embarazada dice: «No lo pude evitar. Algo nos arrastró como un imán y no pude decir no».

Al presidente de una respetada organización local se le pide que renuncie porque ha estado robando del fondo de donaciones. «Necesitaba el dinero. Y había trabajado más que ningún otro. ¿Qué otra cosa podía hacer?»

Ambas personas están diciendo que algo o alguien es el responsable de su conducta. Ambas se engañan.

EL DOMINIO PROPIO ES UNA ELECCIÓN

Cuando admitimos que somos responsables de nuestra conducta y que somos *nosotros* los que hacemos las elecciones en la vida, se da el primero y más importante de los pasos que conducen a llegar a ser una persona con dominio propio.

—Pero yo no quería venir a vivir a esta ciudad —dice una hermosa mujer de cuarenta y dos años, llamada Sonia—, ¿cómo puede decir que soy responsable de mis acciones? No elegí venir aquí. Mi esposo hizo la elección, no yo.

—¿Cuáles son tus sentimientos con respecto a vivir aquí?

—Detesto esto. No quiero vivir aquí. No fue mi elección. A eso voy. Me está diciendo que *yo* hago las elecciones en mi vida, pero es mi esposo quien las hace.

—¿Es él quien elige tus emociones?

—¡Él las provoca!

—¿Las provoca él? ¿Cómo lo hace? ¿Se pone frente a ti con un mazo y te grita: «Debes sentirte así o asá, o de lo contrario te doy con esto»?

—No, pero me dice qué debo *hacer*.

—¿Y tú haces lo que él te dice?

—Sí, de lo contrario, tal vez me dejaría, o dejaría de quererme o vaya a saber qué. Es un hombre muy exigente. Siempre he hecho todo lo que me pedía, incluyendo el mudarme aquí, cosa que no quería hacer.

—Pero lo hiciste.

—Sí, tenía que hacerlo.

—No necesariamente. *Elegiste* hacerlo.

—*Él* eligió, no yo.

—Pero *tú* elegiste aceptarlo.

—Tuve que hacerlo.

No, no tuviste que hacerlo. Pesaste las consecuencias y luego *elegiste* permitir que tu esposo te mudara a esta ciudad.

Te dijiste a ti misma que tenías que obedecerlo o de lo contrario él te dejaría. Eso es una elección.

—Ha sido así toda nuestra vida de casados. Hacemos lo que él quiere. Yo no cuento para nada.

—Tú elegiste que fuera así.

—¡No! Sencillamente es así. *No es* mi elección. No soy estúpida ni insignificante. Debiera poder tener algo que ver en cuanto a decisiones.

Esta mujer comenzó con el primer punto y se puso a estudiar nuestras tres pruebas de la elección, a saber:

1. Admita que es usted quien hace las elecciones.
2. Recuerde que es responsable de lo que está escogiendo.
3. Prepárese para aceptar las consecuencias de su conducta aun cuando fueran desagradables.

Ayudemos a Sonia a analizar lo que se había estado diciendo. No le resultó agradable descubrir la verdad.

—Vine aquí porque quería mejorar mi carácter, quería lograr un poco de dominio propio. En realidad, pensé que me recetaría algún tipo de remedio.

Se esforzó mucho para lograr enfrentarse a sí misma y a su conducta. Pero las ganancias fueron mayores que lo que ella esperaba. Aprendió a desarrollar capacidades que superaban de lejos a los efectos temporales de una droga. Después de varias sesiones de consulta, nos explicó las tres pruebas de la elección.

—Primero, tengo que admitir que yo elijo. Siempre pensé que todos los demás elegían por mí. Si me sentía triste, pensaba que era a causa de alguna cosa o persona. Nunca pensé que en realidad estaba eligiendo sentirme así. Lo peor de todo era que siempre culpaba a algún otro por mi mal carácter. En segundo lugar, tengo que recordar que soy responsable de lo que hago. Es difícil. Es difícil admitir que soy responsable de la mayor parte de mi infelicidad. Me doy cuenta de que he elegido permitir que mi esposo actúe conmigo en forma agresiva e hiriente. También reconozco que soy responsable por elegir tener mal carácter.

Esta mujer va por buen camino.

—En tercer lugar —continuó—, tengo que pensar en las consecuencias de mi conducta. Soy responsable de ellas de modo que tengo que aceptar las consecuencias, aun cuando sean desagradables. Culpé a mi esposo por traerme a esta ciudad. Estaba equivocada. La verdad es que *elegí* permitirle tomar esa decisión. Y estoy eligiendo sentirme desdichada por ello. Las consecuencias de elegir hacer de «felpudo» son bastante grandes.

—¿Puedes mencionar algunas de esas consecuencias?

—Claro que sí, ¡mi mal humor! He estado frustrada y enojada con mi esposo, pero he elegido evitar discutir esas cosas con él. He elegido ayudarlo a tratarme como un felpudo.

La comunicación de Sonia con su esposo aumentó y, para sorpresa de ella, él se manifestó contento con esa sinceridad. También le gustaron los cambios en su actitud hacia ella misma. Con la ayuda del Señor, su relación matrimonial se fortaleció y enriqueció.

—Nunca voy a volver a enseñarle a mi esposo a tratarme como un felpudo —nos dijo hace poco—. Y tampoco voy a volver a tratarlo como a un tirano. He descubierto que en realidad es un hombre muy bueno, al que nunca le permití ser el excelente esposo que podría haber sido.

APRENDA A RECOMPENSARSE
USTED MISMO

Muchas veces el trabajo que implica desarrollar el dominio propio no se justifica puesto que no se tienen en vista las recompensas.

Piense en Alfredo, que quiere rebajar treinta kilos de peso. Le puede llevar seis meses lograrlo. Comienza un plan de dieta y después de dos semanas rebaja tres kilos. En vez de festejar su triunfo, se siente tentado a arrojarlo todo por la borda. La idea de los veintisiete que le faltan bajar le resulta amenazadora; además, el olor de una pizza le parece irresistible. No le parece nada recompensador aferrarse a un programa de dieta, sobre todo cuando la idea de engullirse media pizza le resulta más tentadora que un manjar del cielo.

¿Dónde estaba la recompensa por haber rebajado tres kilos?

Tiene que recompensarse debidamente y con astucia. (La persona que está en un plan para rebajar de peso ya no puede considerar alguna comida como su recompensa.)

¿CUÁNDO DEBE RECOMPENSARSE?

- TIENE que recompensarse por cada pequeño triunfo.
- TIENE que recompensarse cuando cumple lo que se había propuesto.
- TIENE que recompensarse con frecuencia.
- TIENE que recompensarse cuando haya demostrado dominio propio.
- TIENE que recompensarse aun cuando nadie más lo haga.
- TIENE que recompensarse cuando se haya esforzado mucho por algo.
- NO TIENE que demorarse en recompensarse.

Para algunos cristianos la idea de recompensarse a sí mismos es totalmente desconcertante:

—¿Quién, *yo?* ¿Recompensarme a mí mismo? (risa nerviosa). ¡No se me ocurre *cómo!*

Le preguntamos:

—¿Alguna vez te *rebajas,* acusas o te culpas a ti mismo?

La respuesta sin titubeos por lo general es:

—Sí, ¡lo hago continuamente!

¿Qué está más dentro de los preceptos de Dios, rebajar a alguien, hundirlo en el barro por cada error o falta que comete, o bendecirlo con palabras amables, cariñosas, con frecuencia y periódicamente?

Marcos es un niño de siete años que se come las uñas. Su madre lo castiga por esa conducta, con diferentes tipos de escarmiento. Le pega, lo priva de su dinero semanal, le pinta los dedos con una solución amarga, lo insulta, le grita, lo pone en penitencia, lo amenaza hasta el cansancio... y nada resulta. Un día prueba recompensándolo cuando *no* se come las uñas. Resulta más efectivo que toda la gama de castigos que había ensayado.

Comienza a recompensarlo *con frecuencia* y periódicamente cuando no se come las uñas. Por cada hora que el niño mantiene los dedos lejos de la boca, ella le dice, con sinceridad y de una manera agradable: «Has aguantado una hora sin comerte las uñas. Estoy orgullosa de ti. Muy bien; lo lograste».

Le aconsejamos que al comienzo lo recompensara cada hora. Pero que luego fuera alargando el espacio entre una recompensa y otra.

Cuando usted está trabajando para cambiar alguna conducta y desarrollar el dominio propio, recompénsese con frecuencia por haber ejercitado el dominio que desea. Luego, sin embargo, a medida que la conducta cambie y progrese, disminuya un poco la frecuencia, pero nunca deje de recompensarse.

¿Qué son las recompensas? En primer y principal lugar, son las *palabras* que usted se dice a sí mismo. A Marcos le decían con frecuencia y regularidad qué bueno era el que no se comiera las uñas. Luego, cuando comenzó un programa de puntaje ideado por él y sus padres, ganó otras recompensas.

Al comienzo de la semana, Marcos y sus padres acordaban que él recibiría una recompensa cada tantos puntos que obtuviera. La primera semana decidieron que si obtenía cinco puntos, se le permitiría quedarse levantado media hora más tarde. El mismo eligió otras recompensas, como invitar a un amigo a pasar la noche en su casa, e ir a un partido de fútbol con su papá y, en cosa de semanas, el problema de comerse las uñas había desaparecido.

Marcos aprendió que es agradable ejercitar el dominio propio. Que al tener dominio propio no hay castigo. Muchas veces huimos del dominio propio porque pensamos que es demasiado difícil lograr una cosa que produce tanto sufrimiento. Marcos aprendió que no es doloroso tener dominio propio. Se sentía bien con las recompensas que recibía y se sentía bien consigo mismo. Los castigos sólo conseguían que se odiara a sí mismo y que se comiera las uñas todavía más.

Usted no puede controlar su conducta rebajándose o echándose la culpa de todo. Si rebaja cinco kilos y luego vuelve a subir uno, ¿se castiga por el que subiste o se felicita por los cuatro que bajó? Es muy probable que primero se castigue.

Dios no utiliza todo su tiempo castigándonos. En efecto, nos amó tanto que envió a su Hijo, Cristo Jesús, ¡para llevar el castigo que nos correspondía por nuestro pecado! El perdón es uno de nuestros regalos más preciosos. Rechazar el perdón es un insulto a la obra de la cruz. ¡Dios es amor!

Figúrese al Señor diciéndole: «Está bien, buen siervo» (Lucas 19:17), cuando usted se ejercita en el dominio propio o cuando ha vencido una creencia errónea. Diga: «¡Bien hecho!», en voz alta para usted mismo. ¡Sonríase a sí mismo! ¡Se lo merece!

Deje de sumirse en lo negativo, deje de hacer listas de sus fracasos. Deje de decirse palabras hirientes a usted mismo, deje de insultarse, deje de humillarse por ser mal cristiano. Deje de decirse que no merece ninguna bendición de Dios. Deje de amontonar culpa y condenación sobre usted mismo.

Jesús murió en la cruz para tomar su culpa y su condenación. Si se ha arrepentido sinceramente de sus pecados, siga adelante. Deje de pensar en ellos. Levántese y continúe.

No se recompense, naturalmente, por los fracasos, ni trate de pretender que es más de lo que es, pero al mismo tiempo no siga castigándote por cada infortunio de su vida. Resultados mucho mejores se logran cuando nos recompensamos por hacer algo bien que cuando nos castigamos por el fracaso.

Ahora, pues, ninguna condenación hay para los que están en Cristo Jesús, los que no andan conforme a la carne, sino conforme al Espíritu (Romanos 8:1).

¿QUIÉN LO HIZO? ¿JESÚS O YO?

Una creencia errónea que impide que los cristianos se recompensen a sí mismos por los verdaderos logros es la idea de que no fueron ellos quienes lo hicieron, sino que fue el Señor quien hizo la obra. Es una creencia errónea porque implica una sicología imposible, no bíblica.

Es verdad que nada bueno puede salir de nuestra naturaleza pecadora. *Es* verdad que sin el Espíritu Santo no podemos hacer nada (bueno). Pero *también* es verdad que con el Espíritu Santo obrando dentro, *nosotros* hacemos lo bueno.

No se puede tener fe sin el don de la fe, pero la fe que usted tiene es suya. Es *usted* quien cree. No es la fe del Espíritu Santo, sino su fe la que le ha salvado. Cuando gane una pequeña victoria sobre un mal hábito, se sentirá tentado a decir que no ha hecho nada. Pero sí ha tenido que ver. Por medio del Señor, usted lo ha hecho.

Es verdad que no se puede lograr nada, ni tener victoria sobre el pecado sin el Señor. «Separados de mí nada podéis hacer» (Juan 15:5), nos dice Jesús, pero tenemos que comprender que vivimos *por medio* de él, *en* él y *con* él. Cuando usted nació de nuevo en Cristo, no salió de su cuerpo. Todavía está allí, sólo que ahora es una nueva persona, con una nueva naturaleza santa. «Las cosas viejas pasaron; he aquí todas son hechas nuevas» (2 Corintios 5:17).

El apóstol Pablo declaró: «Con Cristo estoy juntamente crucificado, y ya no vivo yo, mas vive Cristo en mí; y lo que ahora vivo en la carne, lo vivo en la fe del Hijo de Dios, el cual me amó y se entregó a sí mismo por mí» (Gálatas 2:20). Con esto Pablo dice que ha sido crucificado (por propia elección) y el ser que gobernaba su vida anteriormente ha muerto. Cuando Cristo fue a la cruz por nosotros, nos dio la gran posibilidad de ser *salvos de nosotros mismos* al permitir que su vida entrara y transformara la nuestra.

Los cristianos tenemos la oportunidad de hacer una entrega tan abarcadora y permanente, que la tentación del egoísmo y el pecado ya no tiene el poder sobre nosotros que tenía antes. Cristo, que vive en nosotros por medio del Espíritu Santo, tendrá la principal posición en nuestra vida. Esta extraordinaria verdad es el propósito que tengo al escribir este libro. Queremos mostrarle de una manera práctica y tangible, cómo puede cooperar con la provisión que Cristo ha hecho por usted, al permitirle crucificar la «carne, con sus pasiones y deseos» que antes le esclavizaba, y liberar al cristiano nacido de nuevo, y en quien mora el Espíritu Santo, es decir, ¡al *victorioso* usted!

¡Alabado sea el Señor por sus victorias! ¡Gracias a Cristo, puede obtener la victoria! Recompénsese con palabras amables y motivadoras por haber sido obediente a él.

CÓMO RECOMPENSARSE USTED MISMO

- TIENE que recompensarse diciéndose: «¡Bien hecho!», o: «¡Buen trabajo!», o cualquier otra cosa que implique su aprecio sincero.
- TIENE que recompensarse con actividades de las que disfrute. Por ejemplo: «Cuando termine de limpiar el horno y los aparatos de la cocina, me voy a dar un buen baño, me voy a quedar todo el tiempo que quiera en la bañera llena de agua», o: «Ahora que he rebajado un kilo, me voy a tomar una tarde para sentarme en mi silla favorita, relajarme y leer sin ninguna interrupción».
- TIENE que recompensarse con «premios» simbólicos. Por ejemplo: «Me ha costado tanto trabajo hacer estos estantes, que me voy a comprar un nuevo juego de destornilladores». «He progresado casi el cien por ciento en cuanto a llegar a tiempo a todas partes, y estoy satisfecho conmigo mismo. Me voy a recompensar haciendo arreglar mi reloj».
- TIENE que recompensarse ayudando a otros a aprender lo que usted ha aprendido.
- TIENE que recompensarse por las victorias espirituales gozando de la alegría y la confianza que vienen por el Espíritu Santo.

DESCONECTE EL GATILLO QUE PONE EN FUNCIONAMIENTO LA BOMBA

Haga una lista de sus situaciones que actúan como un gatillo. ¿Qué dispara la conducta que no desea tener? Entonces comience a anular los gatillos uno por uno, a reducir gradualmente el número de situaciones en las que permite que se inicie esa conducta que quiere evitar. Por ejemplo, si está tratando de dejar de fumar, elimine algunos de los gatillos que le hacen pensar en los cigarrillos. Algunos pueden ser:

1. Quedarse sentado a la mesa después del almuerzo, con una taza de café.
2. Ubicarse en la sección de fumadores en el restaurante.
3. Hacer una interrupción para tomar una soda.

Después que elimine gradualmente los gatillos, imagínese en esas mismas situaciones, haciendo esas mismas actividades, pero *sin* el cigarrillo. Prepárese para no fumar.

Por último, cuando haya logrado eliminar gradualmente todos los gatillos menos uno, puede eliminar completamente esa conducta de su vida o puede seguir practicándola, ligándola solamente a ese último gatillo.

Se hará un gran favor al librarse de todos los gatillos que ponen en marcha la bomba. No se permita estar en lugares de tentación con su novio o su novia si está tratando de mantener el dominio sobre el pecado de la lujuria. No guarde golosinas en los armarios si está tratando de bajar de peso. No lleve consigo las tarjetas de crédito cuando sale de compras si es un comprador compulsivo.

Si desconecta lo que une el gatillo con el cañón de un revólver, el arma no disparará. La mayoría de las conductas tienen gatillos o situaciones que las provocan. Aprenda a reconocerlos.

USTED PUEDE SER UNA PERSONA CON DOMINIO PROPIO

De ceniza se alimenta; su corazón engañado le desvía, para que no libre su alma, ni diga: ¿No es pura mentira lo que tengo en mi mano derecha? (Isaías 44:20)

Lo más importante que puede hacer para aumentar su dominio propio, es identificar las creencias erróneas en las cosas que se dice a sí mismo. Luego, rebata esas creencias erróneas. Nunca se permita seguir adelante con ellas. Emplee su determinación y su energía para cuestionar y rechazar cada creencia errónea y reemplazarlas con la verdad.

Usted puede tener dominio propio en cada esfera de su vida. Las personas que ejercitan el dominio propio han descubierto una gran llave para tener vidas plenas.

La pereza, la apatía, el evitar responsabilidades, no conducen a la felicidad ni a una vida plena. No sorprende que cuando alguien se queja de su falta de dominio propio, les acompañen otras quejas como el descontento, la culpa, una profunda insatisfacción en la vida y la falta de confianza en sí mismo.

El dominio propio, un fruto del Espíritu Santo, será una parte de su vida cuando lo cultive diligentemente, cuando rechace el desaliento y cuando se enseñes a sí mismo a recompensarse por sus triunfos. «No nos cansemos, pues, de hacer bien; porque a su tiempo segaremos; si no desmayamos», nos dice Pablo en Gálatas 6:9. Permita que el Espíritu Santo le ayude. Con Dios, nada es imposible. A veces las cosas pueden parecer muy difíciles, pero con el Señor como ayudador, como guía y como fortalecedor, no son imposibles.

Puede gritarle al mundo: «Porque mayor es el [el Espíritu Santo] que está en vosotros, que el que [el diablo que me tienta para pecar] está en el mundo» (1 Juan 4:4). Por eso puedo y soy una persona con dominio propio.

CAPÍTULO OCHO

Las creencias erróneas respecto al autodesprecio

Oscar tiene veintinueve años. Sufre intensos ataques de ansiedad. Está nervioso, tenso y con frecuencia se siente deprimido «sin ninguna razón aparente». En casa suele tener explosiones de mal carácter y tiene arranques de furia por cosas ínfimas. Fuera de casa casi siempre es tan amable y tierno como una oveja, en el trabajo le dicen: «Don Amable» y en la iglesia se lo conoce como la persona que está dispuesta a hacer cualquier cosa por otros, el buenazo Oscar.

Oscar ha estado agradando a la gente durante muchos años. Siempre ha hecho lo que piensa que la gente espera de él. Las principales decisiones de su vida, como estudios, matrimonio, la elección de una carrera, las tomó mayormente por influencia de los demás. Cuando tenía la aprobación de sus semejantes, se sentía que estaba haciendo lo correcto. Se sentía valioso cuando tenía la aprobación y la aceptación de los demás.

En su adolescencia, le resultaba muy importante que lo aceptaran como parte del grupo. Se esforzaba por ser popular, tener aplomo y por estar «en la onda». Los otros adolescentes lo querían y tenía muchos amigos. También era popular entre las muchachas.

No había nada de extraño en esa manera de ser, porque la necesidad de ser aceptado y de pertenecer a un grupo es común a todos los adolescentes. Es en ese momento de la vida en que el temor al rechazo social es más fuerte que el miedo a ser herido o a morir. Oscar era un adolescente promedio, diríamos, ya que buscaba ser aceptado y aprobado por los demás.

Pero luego se graduó de la secundaria. La mayoría de sus amigos ingresaron a la universidad estatal, de modo que lo mismo hizo Oscar. Allí estaban de moda las drogas y la bebida. Oscar imitó a los demás. Sus amigos se drogaban, Oscar se drogaba; sus amigos tenían una moral liviana, Oscar también. Sus padres se preocupaban por él puesto que estaba perdiendo clases. Amigo de todos, Oscar comenzó a andar mal después de dos semestres.

Logró continuar en la facultad en forma condicional, pero muchos de sus compañeros estaban abandonando sus estudios. Algunos de ellos se casaban. Oscar comenzó a salir con una muchacha que no fumaba ni bebía, lo cual agradaba a sus padres, que motivaban la relación. Oscar no estaba seguro de que quería seguir con ella, pero cuando comenzó a pensar en tomar la decisión de dejarla, ella salió con la novedad de que estaba embarazada.

Oscar se casó con la chica, porque era lo que se esperaba de él. Dejó definitivamente los estudios, abandonó la idea de hacer cursos nocturnos, y comenzó a trabajar en la compañía de su suegro, donde sigue hasta hoy.

Hace tres años, Oscar y su esposa tuvieron una experiencia de conversión y entregaron su vida a Jesús. Sus dos hijos son cristianos y aman al Señor también, y constituyen una familia activa en la iglesia. Pero Oscar no es feliz.

No entiende qué es lo que anda mal. Cuando le entregó su corazón a Jesús, muchas veces dio su testimonio contando de lo que lo había librado el Señor. Hablaba de su vida pasada con las drogas y el libertinaje moral y de lo contento que estaba por ser una nueva persona en Cristo, lavado con la sangre de Jesús. Los cristianos de su iglesia estaban asombrados viendo lo que podía hacer el poder de Dios en la vida de una persona. Entonces, ¿por qué se sentía tan desdichado?

«¿Qué me pasa?», preguntaba Oscar. «Debiera estar lleno de gozo. ¡Soy creyente!»

Él piensa que tiene que controlar sus sentimientos negativos, porque eso es lo que los demás esperan que haga. Cree que si permite que emerjan sus verdaderos sentimientos, se verá juzgado y condenado por ellos. Ya ha dado su testimonio de lo mucho mejor que es su vida ahora que es creyente. Y no quiere parecer hipócrita al exponer sus sentimientos de depresión y descontento.

Oscar se ha enseñado durante años que tiene que cumplir las expectativas de la gente que lo rodea. En la iglesia hace y dice exactamente lo que piensa que la gente espera de él. Se viste, habla, camina y hace las cosas como cree que la congregación y el pastor esperarían de un creyente ejemplar.

También en el trabajo hace lo que se espera de él. Se lleva bien con su suegro porque tiene su aprobación. Pero la verdad es que no le gusta el trabajo que hace, pero es más importante para él ser aceptado que hacer otra cosa que le agrade. En realidad, confunde ambas cosas. Asocia el tener la aprobación de los demás con ser feliz.

En su hogar, piensa que su esposa tiene ciertas expectativas con él y, en consecuencia, trata de cumplirlas. La casa, el automóvil, los muebles, los aparatos eléctricos del hogar, incluso las vacaciones, todo lo provee de un modo aceptable y agradable. Todo el mundo está satisfecho. Todo es perfecto y de primera. Entonces, ¿qué anda mal?

En toda su vida Oscar no se ha permitido pensar en sí mismo ni en sus necesidades como algo importante. Y llevó esa misma idea a su vida cristiana. Y como esas ideas no siempre son fáciles de detectar, pudo seguir fabricando su personalidad perfeccionista sin que nadie llegara a percatarse, y menos él mismo. Después de todo, ¿acaso los creyentes no deben honrar a sus prójimos más que a sí mismos?

Pero no se puede honrar al prójimo como es debido si uno no se da a sí mismo el honor que le corresponde. En el mejor de los casos tendrás sentimientos neuróticos y de autodesprecio. Dios no quiere que nos degrademos. Quiere que seamos mentalmente sanos y firmes.

El que se degrada a sí mismo trata de halagar a los demás para obtener su aprobación. Si los otros no lo aprueban, se siente que no tiene valor. Sus propias buenas opiniones respecto a sí mismo no valen nada. Las opiniones de los demás son las que cuentan.

Oscar no considera que sus propios sentimientos y necesidades sean importantes. Mientras esté agradando a otros, piensa que la vida está andando sobre ruedas. Mientras los demás lo quieran y lo acepten, siente que las cosas van bien. Pero ahora está descubriendo que las cosas no van tan bien.

Con casi treinta años todavía sigue viviendo las ansiedades de un adolescente. Y por eso no puede amar verdaderamente a los demás.

Algunas de las creencias erróneas de Oscar son:

1. La manera de conseguir que otros me acepten es ser y hacer lo que ellos quieren que yo sea y haga.
2. Actúo más como un creyente si procuro agradar más a los demás que a mí mismo.
3. Las demás personas tienen derecho a juzgar mis acciones.
4. Es malo y no estoy procediendo como un creyente si pienso o considero que mis propias necesidades son más importantes en comparación con las de los demás.
5. No es correcto el no estar dispuesto a olvidar mis propios intereses para agradar a los amigos y a la familia cuando ellos así lo deseen.
6. El agradar a los demás es una póliza de seguro que garantiza que la gente será buena conmigo en respuesta a ello. Cuando me encuentre con alguna gran necesidad, ellos dejarán de lado sus necesidades para ayudarme.
7. Cuando los demás están descontentos conmigo, no puedo tener un solo momento de paz ni de felicidad.
8. La aprobación de todos los demás es esencial para mis sentimientos de bienestar y de paz mental, ya que Dios no quiere que yo esté contento a menos que todos me aprueben.
9. Ser como los demás quieren que sea es la única manera de lograr que me quieran.
10. El agradar a otros y hacer lo que ellos esperan que yo haga es la única manera de ganar amigos.

Si cree cualquiera de las ideas que acabamos de enumerar, está creyendo una mentira.

En 1 Samuel 18:11 leemos que el alma de Jonatán estaba ligada al alma de David y que Jonatán amaba a David como a sí mismo. Cuando ocurre una verdadera unión de almas en una amistad sincera, no hay desequilibrio ni distorsión, ya que no es resultado de agradar ni de lograr la aprobación de los demás. Es una relación de *unión*, de almas ligadas: Jesús enseñó que tenemos que amar a los otros como a *nosotros* mismos (Mateo 19:19).

«Amarás a tu prójimo como a ti mismo», implica considerar las necesidades de los demás como *igualmente* importantes que las propias, valorar las opiniones de los demás igual que las suyas, respetar los derechos de los demás tanto como sus propios derechos. Significa que las otras personas no son menos importantes que usted, pero que tampoco son más importantes. Esta manera de pensar implica esfuerzo. A veces es más fácil y más cómodo degradarse usted mismo y considerar que las opiniones de los demás son más importantes que las suyas. Oscar se apoyaba en las otras personas en cuanto a sus sentimientos de autoestima. Si alguno no lo aceptaba y no lo quería, pensaba que algo andaba mal en él.

La Biblia nos enseña dos cosas muy importantes acerca de la autoestima.

1. Nuestra vida, incluyendo nuestras opiniones, sentimientos, deseos y necesidades, no es *menos* importante ni valiosa que la de ningún otro.
2. Nuestra vida, incluyendo nuestras opiniones, sentimientos, deseos y necesidades, no es *más* importante ni valiosa que la de ningún otro.

Cuando Jesús dijo: «Nadie tiene mayor amor que este, que uno ponga su vida por sus amigos» (Juan 15:13), preparó el camino para que pudiéramos amarnos a nosotros mismos en el sentido más puro. La condenación, la culpa, la desesperación, la auto-degradación, la vergüenza y el odio hacia uno mismo, todos han sido clavados en su cuerpo en la cruz. Al llevar nuestro pecado con él a la cruz, nos dio libertad para que pudiéramos tener vidas saludables y abundantes, con actitudes sanas, puras y limpias. Cuando nuestras vidas son realmente hermosas a los ojos de Dios, es cuando son puras y limpias en el más santo sentido. Le agradamos cuando vivimos rectamente delante de él, como nos ha mostrado que debemos hacerlo. Si hundimos nuestras vidas bajo el peso de la culpa y el autodesprecio, no estamos cumpliendo el verdadero sentido del versículo anterior: «Nadie tiene mayor *amor* que este...»

> *Conocemos lo que es el amor [recuérdalo: de Dios] porque Jesucristo dio su vida por nosotros; así también, nosotros debemos dar la vida por nuestros hermanos (1 Juan 3:16, Versión Popular).*

¿De qué le sirve a Dios o a cualquier otro que uno hunda su vida porque no se aguanta a sí mismo? Jesús murió en la cruz por usted; por eso el despreciarse a sí mismo es como insultarlo a él. Tenemos que despreciar al pecado, no a las personas.

No debemos olvidar que nuestra vida se compone de cosas como la honestidad, el valor, el sentido del humor y la más preciosa de las posesiones: *la sabiduría*. Estas cosas nos las podemos dar los unos a los otros como regalos, en forma generosa y cariñosa.

Eliana es una mujer muy parecida a Oscar, pero mientras que esta responde a sus creencias erróneas con sentimientos de depresión y de abatimiento, ella reacciona con furia. Tiene treinta y cinco años pero aparenta cuarenta y cinco. Ojerosa, lánguida, desmejorada, casi nunca se ríe ni se desestresa. Durante años ha creído que tenía que sublimar sus propias necesidades en favor de las de los demás, por lo que ahora se siente cansada de ello. Dice que siempre ha sido el felpudo de la familia y de los amigos. Incluso los desconocidos se han aprovechado de ella.

«La Biblia dice que hay que dar y eso es lo que hago», dice enojada. Pero está perturbada porque se siente culpable de ese enojo. Las palabras le salen con amargura y resentimiento.

«Nadie hace nada por *mí* nunca», alega, «y haga lo que haga, los demás no manifiestan ningún respeto hacia mí. Todo lo que soy es una *cosa* que los demás pueden *usar*, eso es todo. No debiera estar irritada, lo sé. Supongo que es egoísmo de parte mía. Y no sé cómo evitarlo. Tal vez sea una mala cristiana, pero no lo puedo evitar».

La Palabra de Dios nos dice que tengamos comunión unos con otros, que nos amemos unos a otros; nos enseña a dar, compartir y perdonar; a ser amables, generosos y de corazón tierno. En realidad el Señor nos dice que debemos soportarnos unos a otros, pero no de una manera degradante, ni por motivos auto-condenatorios; no para convertirnos en esclavos de los antojos de otras personas, ni tampoco con el objeto *de agradar* a *la gente*. Todos estos son indicadores del autodesprecio. El «felpudo» de Eliana en realidad *era* egoísmo con otro disfraz.

—¿Qué te hace pensar que eres una mala cristiana? —le preguntamos a Eliana.

—Un cristiano no debiera irritarse así. Se supone que debiera poder controlarme. Que tengo que dar, dar y dar sin esperar nada en retribución. Todo ese asunto de negarse a sí mismo —dice al tiempo que golpea la silla con la palma de la mano—. Me desvivo haciendo cosas por mis amigos, por mis hijos, por mi esposo. Y no sólo eso, tengo una madre muy exigente. Todavía me tiene llevándola en el coche por toda la ciudad porque ella no quiere conducir. Tengo seis hijos y aunque esté en medio del almuerzo, si ella me llama por teléfono, espera que deje todo y corra a ver qué necesita.

—¿Y lo haces?

—¡Por supuesto! Es probable que mi madre sufra un ataque al corazón si no lo hiciera. Ella espera que lo haga. Así es como me tratan todos. No soy más que *una cosa para que la usen*.

—Has dicho eso antes. ¿Qué quieres decir con eso de una cosa para que la usen?

—No soy nada. N-a-d-a.

—¿Quién lo dice?

—¡Todo el mundo! Mire cómo me tratan.

—¿Es que los demás deciden lo que tú vales?

—¿Qué quiere decir?

—Bueno, ¿por qué crees que todos los demás deciden si eres o no una persona importante y valiosa? ¿Dónde quedó tu propia opinión sobre ti misma?

—La opinión que tengo de mí misma es un asco.

—Si tu opinión de ti misma es así, ¿cómo pretendes que los demás te traten con consideración y respeto?

—No sé y no me interesa. Todo lo que sé es que todo el mundo puede irse a freír espárragos.

Se puede ver la amargura en las palabras de Eliana. Toda su vida ha luchado para obtener la aprobación y el amor, y ahora se da cuenta de que no ha dado resultado. Por todos sus años de sacrificio no ve otra cosa que polvo y vacío. Se ha convertido a sí misma en víctima de los antojos de los demás con el objeto de agradarles y obtener su aprobación y su amor. Si alguien le decía que era una persona generosa y encantadora, tal vez se sentía valiosa por unos momentos, aunque estuviera en desacuerdo. Cuando no percibía palabras de aceptación y aprobación, se sentía desesperada y desolada. Cree realmente que no es nada más que una *cosa* para que la usen los demás.

Las personas a quienes Eliana se entregó más a fondo, como su madre —que pensaba que no era un abuso llamarla a cualquier hora para que la llevara a alguna parte—, fueron las que le dieron el menor pago en cuanto a amor y aceptación. Eliana pensaba que tenía que *ganarse* su valor y *ganarse* el derecho a ser querida, de modo que cuanto más se esforzaba y luchaba, peor se sentía.

Es posible que usted ya haya detectado algunas de las creencias erróneas de Eliana:

- Si no doy, doy y doy, no soy una buena cristiana. (Eliana no estaba *dando,* en realidad estaba *haciendo* cosas para *obtener* algo para sí misma.)
- Tengo que recibir aprecio por todas las cosas que doy. (El verdadero dar ni siquiera necesita ser reconocido.)
- Mi autoestima depende de las opiniones de los demás.
- El amor es algo que hay que *ganar* y por lo cual hay que *realizar un esfuerzo.*
- El respeto es algo que hay que *ganar con esfuerzo.*
- Si no hago lo que las otras personas quieren y esperan de mí, no me querrán.

- Si no hago lo que las otras personas quieren que haga, no *merezco* su aprobación ni su amistad.
- Otras personas tienen el derecho de pedirme cualquier cosa y debo hacerlo para evitar que se ofendan conmigo.
- Si los demás no me dicen que soy una buena persona, entonces, es que no lo soy.
- Si alguien no me aprecia, quiere decir que hay algo malo en mí.
- Si alguien está irritado conmigo, seguramente es culpa mía.
- Es mi deber hacer que todo el mundo se sienta feliz y cómodo.
- Es mi deber matarme trabajando por mi familia. Si no lo hago, me podrían rechazar.

Eliana pensaba que su problema era no poder dar *suficiente*. Algunas otras mentiras que se decía a sí misma eran las siguientes:

- El rechazo y el no ser aceptado son terribles.
- A pesar de todo lo que hago para obtener aprobación, todavía hay personas que no me aceptan y me rechazan... Eso implica que soy mala.
- Es malo enfurecerse.
- Me enojo. Eso implica que soy mala.
- Es terrible ser una *cosa* que todo el mundo *usa*.
- Soy una cosa que todo el mundo usa, por lo tanto soy terrible.
- Es terrible no poder dominar mis sentimientos negativos.
- No puedo dominar mis sentimientos negativos, por lo tanto soy terrible.

Eliana tenía que aprender, primero, que ella es importante y valiosa porque *Dios* lo afirma; y, segundo, que ella coincide en esto con Dios. La gente no reacciona favorablemente hacia el que se odia a sí mismo. Eliana buscaba el respeto por sí misma y de ese modo sólo afloraban sus sentimientos egoístas subyacentes. Dependía de los demás para saber si valía algo o no. Pero otras personas no le manifestaban el respeto que trataba de ganarse con tanta vehemencia.

Hay una diferencia entre el autorrespeto y el egoísmo. La persona que se respeta verdaderamente, puede interesarse genuinamente en los demás, dedicarse a otras personas sin temor. Incluso puede darse la ocasión en que lo más amoroso que pueda hacer por otra persona será decirle: «NO». Sin embargo, la persona egoísta es codiciosa, temerosa y manipuladora. Eliana tenía muchos de estos patrones de conducta y la obligamos a enfrentarlos. Por lo general, la tendencia a la codicia y al egoísmo de un individuo le hace vivir para la aprobación de los demás, siempre luchando para satisfacer una necesidad insaciable de su interior.

Tanto Eliana como Oscar tuvieron que aprender que el cristiano es una persona importante, especial, querida y *punto*. Su autoestima, tanto como la de usted y la mía, no depende de la opinión de los demás, sino de la declaración de Dios. Somos templos de Dios, en la tierra, templos vivos, verdaderos y sinceros donde el Rey Todopoderoso vive y tiene su morada. «¿No sabéis que sois templo de Dios, y que el Espíritu de Dios mora en vosotros?» (1 Corintios 3:16). Una cosa totalmente piadosa que tiene que hacer es tener respeto por usted mismo y amarse.

«*¿Piadosa?*», preguntó Eliana. «¿Cómo puede ser piadoso amarme a mí misma? Pensé que eso era ser vanidosa».

Para amarse a sí mismo tiene que ser una persona hermosa, y eso ocurre cuando el individuo permite que su ser sea crucificado en cuanto al pecado (al egoísmo) y comienza a vivir para Dios, por el poder del Espíritu Santo.

La vanidad no va acompañada de paz y contentamiento. Usted puede reconocer sus propias motivaciones piadosas por la paz y el contentamiento que las rodean. Usted no vivirá luchando si sus motivos son piadosos.

PIEDAD Y CONTENTAMIENTO

«Pero gran ganancia es la piedad acompañada de contentamiento» (1 Timoteo 6:6), es un versículo para los que se odian a sí mismos. Cuando uno hace lo que el Señor le muestra que debe hacer, puede experimentar un verdadero contentamiento aun en cuestiones arduas y en tiempos también difíciles. Una señal de que una persona busca agradar a los demás es que no tiene contentamiento. Cuando las cosas se ponen difíciles, el que busca agradar a las personas empieza a hallar faltas y se queja. A fin de cuentas, si las cosas siguen mal, se irrita.

Eliana exclamaba con exasperación: «¡Que se vaya a freír espárragos todo *el mundo!*»

Oscar tenía arranques de mal genio en su hogar y les gritaba a sus hijos por lo más mínimo.

Amarse a sí mismo es estar contento con uno mismo aunque las otras personas no lo acepten. Con la aprobación de Dios, ya no estamos obligados a *ganar* el amor y la aceptación de los demás. Estamos libres para ser nosotros mismos: para bien o para mal.

Amarse a sí mismo no es egoísmo. No se convierta en un matón agresivo que exige el cumplimiento de su voluntad a todos los que le rodean. ¡Lejos de eso!

El amor a sí mismo se ve en el autorrespeto, la sabiduría y la integridad. Se ve en la nobleza de la humildad. Usted se ama y se respeta a sí mismo porque pertenece al Señor Jesús. Su vida es de él y el Espíritu Santo vive en el templo que es su persona. El Señor le ha diseñado y creado maravillosamente, como lo ha hecho con los que le rodean. Se ama a sí mismo, por eso puede amar a los demás.

La hora de la verdad de Oscar llegó cuando le pedimos que respondiera seriamente a la pregunta: «¿Cuánta importancia tiene para ti que siempre puedas agradar y ganar la aprobación de los demás?»

Se sorprendió al descubrir cuánto de su vida lo había pasado únicamente tratando de agradar e impresionar a los otros. Para este momento ha hecho muchos cambios en su vida y ha aprendido a respetarse a sí mismo en base a lo que es. Eliana también ha operado cambios en su vida. Al cambiar sus actitudes y las creencias erróneas que mencionamos, ha descubierto que puede lograr el respeto de los otros simplemente siendo ella misma.

Cuando deje de luchar para obtener la aprobación de los demás, la obtendrá sin esforzarse. Cuando se aprecie a sí mismo, también otros lo harán. Cuando se acepte a sí mismo, también los demás lo harán. ¿Y si no le aceptan, le aprueban ni le quieren? ¿Qué pasará?

Descubrirá que puede vivir sin eso. ¡No es *terrible* no ser aceptado!

Háblese usted mismo cosas que son verdaderas en lugar de las creencias erróneas que puede estar albergando en su sistema de creencias. *Está bien, ¡aunque no todo el mundo me quiera!*

LA VERDAD

- *No* es necesario que todos me quieran.
- No tengo que ganarme la aprobación y la aceptación de nadie.
- Soy un hijo de Dios y él me ama profundamente, me ha perdonado, y por eso soy aceptable. Yo me acepto a mí mismo.
- Mis necesidades y deseos son tan importantes como los de otras personas.
- El rechazo *no* es terrible. Puede ser un poco desagradable, pero no es terrible.
- El no ser aceptado ni aprobado por los demás *no* es terrible. Puede no ser deseable, pero no es terrible.
- Si alguien no me quiere, lo mismo puedo vivir. No necesito trabajar duro para obtener su cariño.
- Puedo dominar mis sentimientos negativos distinguiendo la verdad de las creencias erróneas.
- Es una creencia errónea el pensar que debo agradar a los demás y ser aprobado por ellos.
- Jesús murió por mí en la cruz para librarme de la creencia errónea de que otros deben decidir mi valor.

Medite en lo siguiente:

1. Agradar a los demás es un principio que puede estar directamente opuesto a la regla básica de la vida cristiana: *agradar a Dios*. La voluntad de Dios para ti puede estar en desacuerdo con

los reclamos, demandas y deseos de otras personas. La voluntad de Dios en relación a Jesús, por ejemplo, era contraria a las demandas de la multitud que quería convertirlo en rey después que alimentó a los cinco mil con la escasa comida del niño (Juan 6). Los discípulos se opusieron firmemente a la voluntad de Dios en relación a Jesús cuando profetizó su próxima crucifixión y muerte. Pedro quedó totalmente desconcertado por la noticia: «En ninguna manera esto te acontezca», le dijo a Jesús, y el Señor respondió: «¡Quítate de delante de mí, Satanás!» (Mateo 16:22-23).

2. A menudo, la voluntad de Dios para usted requerirá que deje de lado los deseos de los demás y ponga en primer lugar los suyos. Hubo ocasiones en que Jesús puso en primer lugar su propia necesidad de descanso y alimento antes que ministrar a los demás. Si trata de descuidarse a sí mismo y a sus necesidades (a menos que esté bajo la dirección de Dios para hacerlo), se provocará dificultades sicológicas y espirituales. Ser cruel consigo mismo no es necesariamente santidad. Jesús ya hizo la penitencia de usted en la cruz. Usted es libre de vivir en el amor, tanto de recibir como de dar.

3. Al razonar acerca de lo que debe hacer en su vida, es muy simplista suponer que lo más importante es la regla de que lo que agrada a los otros seguramente es correcto. Es cierto que las necesidades críticas de otras personas muy probablemente reciban un lugar de preferencia frente a sus propios planes y necesidades menos críticas, y a veces quizás frente a sus necesidades críticas también. Si encuentra un hombre que esté muriendo en la entrada de su casa, cuando va camino a una reunión de oración, es posible que no vaya a la reunión de oración para entonces atender al herido. Pero note esto: La pregunta que debe responder *no* es la siguiente: ¿Hay alguien que espera esto de mí?, sino más bien: *¿Me está dirigiendo Dios para hacerlo?*

4. Si vive para agradar a los demás, cualquier respuesta negativa, crítica o muestra de desagrado, tenderá a hundirle. Le causará gran perturbación pensar que otros no están muy contentos con usted. Tiene que aprender a tomar las críticas y manejarlas como si fueran «nada», para citar a Pablo, que sabía que el verdadero juez es el Señor (1 Corintios 4:3, 4).

5. Aun cuando nadie le apruebe ni le quiera, todavía puede sobrevivir. Jesús lo pudo hacer. Muchos otros han logrado vivir a pesar de recibir mucha desaprobación por parte de los demás. *Si* está dispuesto a creer la Palabra de Dios: «No te desampararé, ni te dejaré» (Hebreos 13:5), no hay ninguna razón para que piense que se va a venir abajo ni a desintegrar cuando otros no le muestren su aprobación. Por supuesto, el desagrado de los demás no es fácil de tolerar, y puede ser difícil de aguantar, sobre todo cuando las personas que cuentan mucho para nosotros no nos aprueban. Sin embargo, si hay que soportarlo, lo podemos hacer. Y la mayoría de las veces la desaprobación de los demás es de corta duración y limitada. Es muy difícil que se dé una situación en la que *nadie* nos apruebe o nos quiera.

Muchas de nuestras costumbres sociales nos enseñan a manipular las situaciones para lograr aceptación y aprobación. Si invita a la familia Pérez a almorzar, ellos le invitarán a usted. Si ayuda a la familia Pérez a pintar su casa, es probable que le ayuden a pintar la suya. Si invita a la familia Pérez a cenar a un restaurante, es probable que ellos le inviten a usted. Es la filosofía de «favor con favor se paga».

Los motivos piadosos son más elevados. Dicen: «Tú eres importante para mí, y quiero que tú te preocupes por mí. Sin embargo, no voy a demandar o insistir en que te preocupes por mí, y no me voy a matar para obtener tu aprobación, afecto o amistad. Yo me preocupo por ti, y también me preocupo por mí, porque Jesús murió por cada uno de nosotros».

La motivación piadosa dice: «Tú eres importante y yo también lo soy. Jesús nos ama y nos ama por igual».

Usted puede librarse para siempre del autodesprecio cuando sepa libre y completamente que la aprobación de Dios es mucho más preciosa que la de la gente.

CAPÍTULO NUEVE

Las creencias erróneas respecto al temor al cambio

«Soy como soy y nunca voy a cambiar», dice Lidia, una maestra de escuela de treinta y cuatro años. Cansada al final del día, a menudo dice cosas como: «Mis alumnos de tercer grado me ponen furiosa. No debiera haber sido maestra con mi bajo nivel de tolerancia».

Ha venido levantando la voz en clase, perdiendo la paciencia y, más de una vez, ha tomado a algún alumno por los hombros y le ha dado un sacudón. Como resultado de ello, se encuentra profundamente desalentada y frustrada por su falta de dominio propio.

Juan tiene veinticinco años y es un brillante estudiante de ingeniería. Su prometida está preocupada por sus frecuentes arranques de ira y trata de hablar con él sobre el problema. Él se encoge de hombros y dice: «Soy como soy. Te guste o no, así soy yo. Tengo un temperamento pésimo y, cuando algo me irrita, lo dejo ver. No puedo evitarlo», y termina la discusión diciendo: «salí a mi padre. Él tiene un temperamento terrible, igual al mío».

Clara es una paciente del Centro Cristiano de Servicios Sicológicos y consulta a su terapeuta por tercera vez. Se sienta tiesa y muy erguida en el cómodo sillón. Las lágrimas le queman los párpados. Tiene veintinueve años, exceso de peso y, por su apariencia, parece decir: «No me importa nada de mí». Admite en medio de las lágrimas que teme estar perdiendo a su esposo. Él la ha estado acusando de ser una desaliñada y le viene insistiendo en que baje de peso. Ella cree que él está viendo a otra mujer.

«Soy gorda y lo sé», exclama, «no necesita recordármelo. Si fuera delgada, las cosas serían diferentes. Él nunca andaría mirando a otras mujeres».

Hace una pausa para limpiarse la nariz. «Pero *no puedo* bajar de peso. A él le gusta que le prepare comidas fritas, que engordan. Él es delgado y puede comer todas esas cosas que yo no puedo. ¿Cómo voy a poder bajar de peso si él sigue comiendo todas las cosas que me gustan tanto? Es imposible».

Lidia, Juan y Clara tienen en común varias creencias erróneas. Lidia cree que es su clase, el tercer grado, la que la hace irritar, no se da cuenta de que es ella misma la que se permite enojarse. Piensa que su enojo es una característica permanente de su personalidad, lo que no es cierto. Jesús murió en la cruz para librarnos de nuestros pecados así como de nuestros «arranques de poca tolerancia». Lidia corta de plano las posibilidades para algunos cambios constructivos en su vida e insulta la obra que Cristo hizo por ella en la cruz.

Juan cree que es perfectamente aceptable dar rienda suelta a sus arranques de mal genio cada vez que tiene ganas de hacerlo porque, después de todo, su padre también tiene esos arranques. Se dice a sí mismo y a otras personas: «Yo soy así; les guste o no». Con ello quiere decir: «No puedo (o no voy a) cambiar».

Clara culpa a su esposo de su exceso de peso y de su aspecto desaliñado. Se dice a sí misma que no es responsable en lo más mínimo de su vida, sino que su esposo es el responsable. Ahora teme perderlo y la aterroriza tener que actuar con responsabilidad y manejarse a sí misma con disciplina y autoridad.

Lidia, Juan y Clara creen que los resultados de las condiciones o circunstancias insatisfactorias de sus vidas *escapan a su propio control*. Han evitado tomar la responsabilidad de sus sentimientos y sus acciones. También creen que no pueden cambiar.

A menudo le resultará fácil pensar que es víctima de las circunstancias. Mire a su alrededor por un momento. ¿Cuántas veces al día o a la semana le da la responsabilidad de sus sentimientos o sus acciones a algo o a alguien que está fuera de su control? ¿Alguna vez ha tropezado con su propio pie y luego ha comenzado a ver alrededor como si hubiera una madera floja en el piso o una grieta en el suelo a la cual echarle la culpa? ¿De quién es la culpa cuando usted se quema la boca con alguna bebida demasiado caliente? ¿Por qué mira la taza? ¿Cuántas veces ha acusado a algún otro de *hacerle* perder los estribos, o de *hacerle* sentir frustrado, o de *hacerle* infeliz?

Ningún *otro* le provoca esas actitudes. Usted mismo lo hace. Nadie le obliga a sentir, pensar y comportarse como lo hace. Un hombre de unos treinta años comentó: «Consumo drogas porque todos mis amigos lo hacen. Me arrestaron por traficar y ahora tengo una condena que cumplir. Pero no es culpa mía que me hayan capturado».

Deje de culpar a los demás por sus problemas y sus pecados. Nadie le *hace* hacer nada. Nadie le *hace* pecar. Es usted mismo el que lo hace.

Es natural, las circunstancias y la gente que le rodean tendrán cierta influencia en su vida. Por ejemplo, no se sentirá perfectamente bien si se resfría, ni si se ha casado con una persona que le tira con todo cada vez que tose. Reaccionaría diferente si le arrojara besos. PERO lo que le estamos demostrando a través de este libro es que *usted* decide cómo responderá a los hechos y circunstancias de su vida de acuerdo a sus *creencias*. Usted decide si quiere hacer lo que hacen sus amigos, ya sea asociarse a un club, tomar drogas o cualquier otra cosa.

Sería falso decir: «La razón de mi malhumor es que tengo gripe». La *verdad* sería: «Me pongo de malhumor y me permito comportarme en forma malhumorada. La gripe me produce sensaciones desagradables en el cuerpo y en las emociones, pero no necesito reaccionar de tal modo que haga difíciles las cosas para los demás. Puedo ser un poco más agradable si decido serlo».

La creencia errónea de esta conducta desagradable es: «Ya que estoy enfermo tengo derecho a portarme de manera desagradable y egoísta».

Muy a menudo culpamos a otros por nuestros sentimientos. Imagínese que está casado con una mujer que le arroja cosas. Sería falso que dijera: «Tengo los nervios de punta porque mi esposa me arroja cosas».

La creencia errónea es: «Mi paz mental depende del comportamiento de los demás, no puedo hacer nada respecto a su comportamiento». La *verdad* sería: «No es agradable que le arrojen a uno cosas, no me gusta nada»; en consecuencia, «si permito que ella continúe con esa conducta, sólo le estaré enseñando que es correcto que abuse de mí en esa forma».

Cuando se oiga a sí mismo recitarse creencias erróneas, tendrá que encender una alarma en su mente, seguida de las palabras: «¡No es verdad!» *La verdad* es *que ¡soy responsable* de *mis sentimientos* y de *mis acciones! Nada ni nadie* es *responsable sino yo. Sólo yo.*

He aquí algunas de las creencias erróneas que debieran poner en funcionamiento su alarma:

«Soy como soy porque nací así».

«Si tuviera más instrucción, sería más aceptado por los demás».

«Si fuera como fulano, sería más feliz».

«Si fuera más apuesto, sería más feliz».

«No depende de cuánto sabes, sino de tus conexiones. Es por eso que no tengo más éxito».

«Los chicos me ponen tensa y nerviosa».

«Mis parientes políticos me ponen tenso y nervioso».

«Tú me enfureces».

«Si fuera más joven, tendría más energía y sería más feliz».

«Si viviera en un barrio mejor, sería más feliz».

«Esta casa me deprime».

«Sé que debiera cambiar, pero no puedo».

«Digo malas palabras porque todos en la oficina lo hacen».

«Bebo por las presiones que enfrento todos los días».

«La razón por la que robo es que mi jefe no me paga el aumento que merezco».

Si cree cualquiera de estos inventos, está poniendo la culpa donde no corresponde. Su enemigo más peligroso no está fuera de usted, sino en su interior. En todo caso, ha *aprendido* a pensar, sentir y actuar de la manera que lo hace, en consecuencia, llegado el caso, puede *«desaprenderlo»*.

¿Está culpando a otras personas por alguna infelicidad que está sufriendo? ¿Hay alguna situación molesta en su vida que está permitiendo que continúe y, en consecuencia, se dice a sí mismo que es la causa de su estado de ánimo?

DESAPRENDA SU ANTIGUA MANERA DE PENSAR

1. *Comprenda que el gozo viene de su relación con Dios y de su permanente fidelidad.*

No necesita vivir en circunstancias perfectas para ser feliz. Ni siquiera necesita ser querido y apreciado por los demás para ello. Es agradable que los demás le aprecien y le quieran, pero no es *vital* para su felicidad.

La Biblia habla de dos hombres de Dios, Pablo y Silas, y de cómo los llevaron ante las autoridades romanas en Filipos, los castigaron con látigos y los pusieron en el calabozo. Adoloridos y sangrantes, los dejaron sobre el piso frío y oscuro de la prisión, con los pies sujetos en los cepos. Sin embargo, ¿los vemos acaso quejarse y lamentarse, diciendo: «Si no fuera por la crueldad de los incrédulos, no estaríamos heridos y sangrando en esta prisión, y podríamos estar contentos»?

¿Acaso se lamentaron tristemente: «Esos paganos injustos y perversos, ¡mira lo que nos han hecho!»? Supongamos que usted y yo estuviéramos en un suelo sucio con ratas e insectos que se nos pasean por la sangre de las heridas, ¿nos lamentaríamos diciendo algo como lo que sigue? «Esta vida de evangelista es terrible; no produce otra cosa que torturas y sufrimiento; ¿de qué vale? A nadie le interesa, nadie colabora, nadie quiere escuchar las Buenas Nuevas. Aquí estoy, medio muerto, y todo ¿para qué? ¿Quién sabe si siquiera Dios se preocupa por nosotros?»

Pablo y Silas tenían firmes convicciones que trascendían las circunstancias, los hechos, la gente, los sentimientos, incluso el dolor. Esas convicciones consistían en la persona, el poder y la presencia de Cristo Jesús. Creían que su sufrimiento no era tan importante como el mensaje que llevaban.

De modo que a medianoche, en vez de quejarse y lamentarse por el dolor, oraban y cantaban alabanzas a Dios. No se quejaban, culpando a algún otro por su agonía física. Tampoco se quedaban sufriendo en silencio mordiéndose los labios desesperados porque Dios había permitido que les tocara semejante suerte. En lugar de eso, cantaron tan fuerte ¡que sus voces se oyeron en toda la prisión! y no sólo eso, sino que Dios también los «oyó» y les abrió las puertas de la prisión. Su alegría venía de la fe que tenían en Cristo Jesús dentro de ellos y no de las circunstancias que los rodeaban.

2. *Usted tiene el control sobre su felicidad y su infelicidad.*

Usted elige ser feliz. *Usted* elige tener pensamientos verdaderos acerca de usted mismo y de los demás. Usted es quien decide no culpar al resto del mundo por sus desgracias. Usted elige dejar de excusarse por su conducta impropia y de culpar de sus acciones a otro. Usted se enfrenta a sí mismo como es ahora y se hace responsable de sus pensamientos, sentimientos y actitudes.

No es la gente la que le irrita, le entristece, le enferma, etc. Usted se *permite* irritarse, entristecerse, enfermarse o cualquier otro sentimiento negativo que esté experimentando. El ceder a arranques de malhumor es un comportamiento aprendido. Usted ha aprendido a tener esos arranques de mal genio, por eso puede aprender a dejar de tenerlos. Es totalmente erróneo creer que no puede cambiar su comportamiento.

CREENCIA ERRÓNEA	LA VERDAD
1. ¡Las cosas que me dices me hacen irritar!	1. Yo me irrito frente a las cosas que me dices.
2. Me molesta mucho cuando no tienes preparada la cena a tiempo.	2. Me molesto cuando la cena no está preparada para cuando yo espero.

No son las cosas, los hechos exteriores, los que nos perturban, sino la manera en que los miramos; las creencias que tenemos acerca de ellos.

El cristiano nunca debiera llevar una vida dominada por las circunstancias externas. Mucho de nuestro sufrimiento viene porque no tenemos las capacidades necesarias para tener una vida plena y feliz como lo enseña la Biblia: «He aprendido a contentarme, cualquiera que sea mi situación» (Filipenses 4:11). Seguimos creyendo que el amor y el gozo dependen de otras personas, circunstancias, hechos, bendiciones materiales, éxito, logros, capacidades y otras tantas cosas. Tal vez usted sea infeliz porque está buscando la felicidad en el lugar equivocado.

¡USTED PUEDE CAMBIAR!

Estar contento «cualquiera sea mi situación» no quiere decir necesariamente sufrir en silencio. Significa comprender que su gozo no radica en sus circunstancias, sino que viene de su interior. Con Cristo Jesús viviendo en su interior por el poder del Espíritu Santo, puede descubrir el gozo y la alegría que hay en *él*.

Puede cambiar muchas de sus circunstancias. El sufrir en silencio no es ninguna señal de virtud (aunque hay oportunidades en que el Señor nos guía a callar y esperar en él aun cuando estemos pasando por un período difícil). Muchas veces puede ser más destructivo desangrarse en silencio que levantarse y hacer algo por el problema. Mucha gente no hace nada por sus sufrimientos porque tiene miedo.

El temor a las otras personas puede ser la razón principal.

Clara se dice a sí misma: «Tal vez mi esposo se enfade conmigo si le digo que deje de traer helado y pizza a casa cuando estoy tratando de hacer dieta. Por eso no le voy a decir nada y, por supuesto, voy a seguir aumentando de peso, pero no es culpa mía; es culpa de él».

Lidia dice: «No me atrevo a permitir que las otras maestras vean que tengo problemas con mi clase. Pensarán que no soy una buena maestra».

El padre de Juan piensa que los hombres tienen que ser rudos y hostiles, especialmente con las mujeres, de modo que Juan —en vez de discutir o pensar por sí mismo—, lo imita. Eso es menos riesgoso que tomar una decisión propia y recibir las consecuencias de la ridiculización que haría de él su padre.

Usted no sólo puede cambiar su comportamiento, puede modificar las actitudes en cuanto a las consecuencias de su cambio. Clara puede dejar de comer pizza y helado aunque su esposo los traiga a la casa, cuando descubra que ella es la única persona en el mundo que tiene el poder de hacerla engordar o adelgazar. Si su esposo no está de acuerdo con su cambio, Clara podrá enfrentarlo preparándose para las consecuencias negativas.

Ella se dirá a sí misma: «Está bien, si mi esposo no aprueba mi dieta, bueno, no voy a suplicarle que apruebe mis decisiones. Con el tiempo me respetará por no comer cosas que engordan. ¡*Puedo* cambiar!»

Lidia cambia sus actitudes hacia su clase al descubrir que ella se irrita, que nadie la hace irritar. Comienza a aprender técnicas *personales* para conducirse a sí misma, junto con técnicas para usar en su clase. Descubre que su irritación y su frustración tienen que ver con algo más que el trabajo en la escuela pero, al ir ganando poder sobre las decisiones en su vida emocional, se siente mejor equipada para enfrentar las creencias erróneas de su frustración y de su enojo. «Está bien no ser perfecta», se dice a sí misma. «No tengo falta de dominio propio permanentemente. *Puedo* cambiar ¡y *estoy* cambiando!»

CUANDO USTED DECIDE CAMBIAR

1. Anote en su cuaderno de apuntes el número de veces por día que atribuye sus sentimientos a hechos exteriores.
2. Anote sus expresiones verbales negativas tan pronto pueda después que las haya dicho.
3. Anote una manera *mejor* de manejar las cosas, como hemos señalado en este libro.

Algunos apuntes podrán ser como los siguientes:

CREENCIA ERRÓNEA	LA VERDAD
8:00 a.m. Me puse molesto por la lluvia.	Puedo estar contento a pesar de la lluvia, si elijo estarlo.
10:30 a.m. Le dije a Jaime: «Tus regaños me ponen furiosa».	Me pongo furiosa cuando Jaime me regaña.
2:00 p.m. Siento que es culpa del comité que esté sobrecargado de trabajo. Yo hago todo el trabajo.	Yo me permito sobrecargarme de trabajo. Sufriendo en silencio, fomento tal situación.
10:00 p.m. Me irrité con los vecinos y sentí deseos de mudarme de barrio, pero no les dejé saber mis sentimientos.	Me permití irritarme y sufrir en silencio. Puedo expresar mis sentimientos de alguna forma no acusadora.

4. Dedique tiempo durante el día para corregir su modo de pensar irracional. Haga que sea un momento definido: a la hora del almuerzo, cuando toma un café, antes de acostarse o cualquier otro periodo que le sea conveniente. Eso es importante. Conocer y reconocer nuestras maneras irracionales de pensar es el primer punto vital. Segundo, es necesario aprender a cambiar esos modos de pensar erróneos. Y, finalmente, *actúe,* entre en acción.

«El comité no me está sobrecargando de trabajo. Soy yo el que me permito sobrecargarme. El jueves en la reunión, voy a solicitar que algunas de mis responsabilidades sean delegadas a otras personas».

«Soy yo el que me permito irritarme cuando Jaime me regaña. El regaño es una conducta que se aprende. Voy a comenzar a recompensar a Jaime cuando no regaña y cuando se comporta de manera agradable».

Admita usted mismo que sus pensamientos negativos le causan infelicidad. Aférrese a la promesa que el Señor hace a los suyos. *Pondré espíritu nuevo dentro de vosotros* (Ezequiel 36:26), y permita que su manera de pensar sea dominada por el Espíritu

Santo. Cuando haga eso, descubrirá que decidir *conscientemente* cambiar las antiguas falsedades es más que una noción de ayudarse a sí mismo, es ser firme en el Señor y en la fuerza de su poder.

Usted puede cambiar. La Biblia está llena de casos de vidas cambiadas por el poder de Dios. La fe le pone en contacto con el poder de Dios. Nadie más puede darle fe. Usted es el único que puede apropiarse de la vida de fe. O se arma de fe y cree en Cristo Jesús y cree también lo que es en él, o transita vagando por la vida, víctima de las circunstancias, la gente, los hechos y las situaciones que no puede controlar.

Algunas personas cuyas vidas fueron radicalmente cambiadas por la fe en Dios son: Job (que insistió en medio de su intenso sufrimiento en que Dios seguía siendo el soberano); Moisés (que eligió renunciar a ser un gobernante en la casa del Faraón de Egipto y se unió a los judíos para sacarlos de la esclavitud); Jacob (que esperó y trabajó durante catorce años para poder casarse con Raquel); José (que pasó varios años en la cárcel por un crimen que no había cometido); David (que pasó años huyendo de la ira del rey Saúl), para nombrar apenas unos pocos. Sería correcto decir que todos los hombres, mujeres o niños que encuentran y reciben a Jesús como Salvador y Señor de su vida, experimentan un cambio. Ese cambio es la conversión y la regeneración de sus almas mientras sus espíritus se vivifican: «Los cuales no son engendrados de sangre, ni de voluntad de carne, ni de voluntad de varón, sino de Dios» (Juan 1:13).

> *De modo que si alguno está en Cristo, nueva criatura es; las cosas viejas pasaron; he aquí todas son hechas nuevas (2 Corintios 5:17).*

CAMBIE SUS CIRCUNSTANCIAS

Nada en este capítulo ni en este libro implica que no debe intentar cambiar sus circunstancias cuando sea apropiado hacerlo. No estamos enseñando sometimiento y pasividad al decir que allí donde hay disparidad entre usted y sus circunstancias, siempre e invariablemente la regla será que trate de cambiarse a sí mismo solamente.

Habrá oportunidades en que quiera alterar sus circunstancias antes que permanecer en ellas y concentrarse en cambiar su monólogo interno. Esto incluye el pedir a otras personas que modifiquen los comportamientos que le crean problemas.

Cuando Jesús estaba hablando a la gente acerca de su divinidad, casi fue apedreado por los judíos. «Si no hago las obras de mi Padre, no me creáis», les dijo. «Mas si las hago, aunque no me creáis a mí, creed a las obras, para que conozcáis y creáis que el Padre está en mí, y yo en el Padre». Esas palabras realmente los enfurecieron, por lo que quisieron apedrearlo. Pero Jesús salió de entre ellos y se escapó. Entonces se fue al otro lado del Jordán y vivió donde Juan lo había bautizado (Juan 10:31-42).

Jesús cambió sus circunstancias.

Habrá oportunidades en que usted prefiera cambiar sus circunstancias en vez de permanecer en ellas. Puede cambiar las circunstancias pidiéndoles a otras personas que modifiquen los comportamientos que son particularmente molestos, hirientes o nocivos. No es verdad que debe permanecer en todas las situaciones dolorosas y aceptarlas como su destino en la vida. A menudo es más piadoso cambiar la situación que sufrir con entereza pero innecesariamente.

Usted tiene una preciosa y maravillosa capacidad llamada: el poder de la elección.

Dios no se queda satisfecho con dejarnos seguir viviendo en las antiguas maneras de la carne que traían destrucción, enfermedad, confusión y sufrimiento. Nos dice: «Os daré corazón nuevo, y pondré espíritu nuevo dentro de vosotros; y quitaré de vuestra carne el corazón de piedra, y os daré un corazón de carne» (Ezequiel 36:26).

Y a la nueva persona, la que se pone firme en contra de las creencias erróneas que niegan el poder y la gloria de Dios, el Señor le da su bendición: «Será como árbol plantado junto a corrientes de aguas, que da su fruto en su tiempo, y su hoja no cae; y todo lo que hace, prosperará» (Salmos 1:3).

«Así que, arrepentíos y convertíos, para que sean borrados vuestros pecados; para que vengan de la presencia del Señor tiempos de refrigerio» (Hechos 3:19).

Si el indiferente carcelero de Filipos pudo cambiar, también lo puede hacer usted. Si la mujer de Samaria con su reputación dudosa pudo cambiar y convertirse en una mensajera de la verdad, también usted puede cambiar. Si Saulo, sediento de sangre, perseguidor de los judíos, pudo cambiar y convertirse en el tierno apóstol Pablo, el amoroso autor de trece libros del Nuevo Testamento, también usted puede cambiar. Sus actitudes, elecciones y creencias le hacen ser lo que usted es.

CAPÍTULO DIEZ

La creencia errónea de que
no hay que arriesgarse

Cuando las personas piensan que no deben correr riesgos en la vida, por lo general creen una serie de mentiras relacionadas entre sí, tales como:

1. Uno de los objetivos más importantes de la vida es evitar los dolores, los agravios. Pase lo que pase, no debo sufrir a causa de ellos.
2. Correr riesgos en la vida puede conducir a una calamidad. Tal vez me vaya mal si corro este riesgo.
3. Lo más importante es estar seguro. Es terrible correr cualquier tipo de peligro.
4. Es aterrador tomar una decisión equivocada.
5. Si trato de aprovechar alguna oportunidad, podría perder cosas vitales como el dinero, los amigos, la aprobación, el tiempo, la seguridad.
6. No debo perder nada. Es terrible perder algo.
7. No puedo permitirme cometer errores. Los errores son espantosos.
8. Tengo que tener todo previsto, y anticipar cualquier posible dificultad y sufrimiento.
9. Tengo que planear al detalle todas mis acciones y las palabras que use para evitar pérdidas, sufrimientos y desgracias.
10. Dios no aprueba la conducta arriesgada.

Rolando llega veinte minutos antes de hora a su primera cita en la clínica y, decidido a hacer un buen uso del tiempo, escoge una revista de religión en la sala de espera. Tiene que obligarse a sí mismo a leerla, pero esa determinación tenaz no es inusual en él.

«He estado tan tenso y nervioso últimamente, que apenas logro forzarme a ir a trabajar», explica al comienzo de la entrevista. Su sonrisa proviene de la absoluta obediencia de los músculos de sus labios que dejan a la vista una hilera de dientes. No hay razón por la cual sonreír; en sus ojos no hay un asomo de risa.

«No es que sea algo tan molesto, pero el mes pasado, a un tipo que trabajaba bajo mi dirección, lo ascendieron por encima de mí», hace una pausa, suspira y continúa, «desde entonces, la idea de ir al trabajo me pone nervioso».

A medida que progresa la entrevista, se hace evidente que Rolando ve su trabajo de la misma forma que ve su vida: una carrera de obstáculos llena de posibilidades de correr riesgos. Su objetivo: pasar entre los obstáculos sin arriesgarse a nada ni probar nada nuevo.

El hombre que recibió la promoción de Rolando estaba dispuesto a aceptar lo que este consideraba como un riesgo injustificado para la reputación y el capital de la compañía. Sospechar lo que ocurría en la oficina del jefe llenaba de ansiedad a Rolando. En su opinión, los riesgos que se estaban corriendo eran totalmente exagerados y peligrosos.

Rolando nunca había sido responsable de una decisión errónea. No comprendía por qué otras personas que tomaban decisiones riesgosas con el dinero y el buen nombre de la compañía, podían obtener las mejores promociones mientras él permanecía en el trasfondo sin ninguna posibilidad de ascender. Pensaba que deberían tomar en cuenta su buena reputación de hacer siempre lo mejor para la empresa.

En la iglesia fungía en el grupo de diáconos. Los demás miembros del grupo casi siempre experimentaban dificultades en las reuniones por la negativa de Rolando a aceptar cambios. Cuando se hacía algún esfuerzo para encaminar a la iglesia en una nueva dirección hacia algún cambio, Rolando se negaba en una de dos maneras: lo impedía vociferando en contra o se quedaba sumergido en el silencio.

La esposa de Rolando representaba otra fuente de ansiedades. Cuando recién terminaban de pagar la última cuota por los dos automóviles, ella comenzó a hablar de la compra de una nueva casa. Para Rolando lo único que eso significaba era una hipoteca más grande sin ninguna seguridad de que jamás podrían terminar de pagarla.

«No entiendo por qué otras personas no comprenden el peso de mis advertencias», se queja Rolando.

Este es un hombre que raramente comete errores. Siempre ha hecho jugadas seguras y se ha negado terminantemente a actuar si existe la más mínima duda acerca de las consecuencias de las decisiones. Estaba orgulloso de que podía reflexionar en su vida limpia de errores. Pensaba que tomar decisiones acertadas era su don especial.

Por desdicha, Rolando no veía que en realidad cometía muchos errores; la mayoría de ellos muy serios. No eran errores de juicio como los que haría una persona que obra impulsivamente; eran de un tipo totalmente diferente.

Eran errores de omisión.

—Rolando, ¿estás convencido de que estarías realmente errado si te decidieras a arriesgarte en alguna situación?

—Creo que sí. Y debo señalar que gracias a mis convicciones, tengo una casa casi completamente pagada, una cuenta de ahorros bastante alta y dos automóviles totalmente pagados.

Mientras habla, se hace evidente que su creencia errónea le produce intensa ansiedad. Defiende su negativa a arriesgarse, pero no se explica por qué otras personas no comprenden ni aprecian su buen juicio.

Como resultado de sus creencias erróneas, ha evitado repetidas veces tomar decisiones que tuvieran un resultado impredecible. Ha elegido, en lugar de eso, no hacer o no decir nada si la situación involucra algún riesgo. Toma la posición más segura posible en todo sentido. A causa de su búsqueda de seguridad, no ha obrado en forma responsable en numerosas ocasiones y no ha podido cosechar las recompensas que reciben las personas que están dispuestas a correr riesgos.

Las creencias erróneas de Rolando incluyen:

1. Dios está decididamente del lado de aquellos que revisan las cosas una y otra vez para asegurarse bien de los resultados positivos de sus elecciones.
2. Es absurdo, incluso es pecado, tomar decisiones que podrían terminar en la pérdida de algo.
3. Si una persona toma una decisión que luego resulta ser errada, es alguien estúpido y culpable de su error.
4. Si una persona toma una decisión sin absoluta seguridad de los resultados, tiene una conducta descuidada e infantil.
5. Dios no bendice los errores.
6. La meta y el objeto de la vida es protegerse a uno mismo y hacer jugadas seguras, previniendo y evitando cualquier daño posible.

Con esos intentos por evitar la ansiedad, Rolando se enseñó a sí mismo a ser ansioso. Para él, evitar la ansiedad significaba la felicidad pero en toda su vida parecía no haber llegado al punto donde no existiera la ansiedad.

Julia es una viuda de cincuenta y siete años. Su médico la aconseja que se mude a un clima más cálido, pero semejante idea la atemoriza.

«Tengo raíces aquí —protesta—. No conoceré a nadie en una nueva ciudad, todo me resultará muy extraño». Los ojos le brillan al tratar de contener las lágrimas. Se siente muy infeliz en su hogar actual y su salud está decayendo rápidamente. Si no se muda a un clima más cálido y seco, morirá. Pero la idea de un cambio le resulta tan amenazadora que la toma como una catástrofe. ¿Y si comete un error? ¿Y si la ciudad a la que se mude resulta ser poco amigable y no la tratan bien? ¿Y si se siente sola en la nueva ciudad? ¿Y... y... y...? La ansiedad que le produce es superior a lo que puede soportar. Extrae un pañuelo del bolsillo y comienza a sollozar.

—¿Supón que cometes un error, Julia? ¿Qué pasaría?

—¿Qué pasaría? Bueno, estaría en un lugar extraño, sin conocer a nadie. Estaría sola, ¡sería espantoso!

—¿Acaso eres muy feliz donde vives ahora?

—¡Claro que no! Soy muy infeliz. Mi esposo ya no está. Mis hijos viven en otras partes del país, estoy enferma casi todo el tiempo y no tengo mucho que hacer....

Pero todavía insiste que no podría hacer un cambio como le aconseja el médico. Demasiado riesgoso. Se ha enseñado a sí misma a no probar nada, aun cuando como ahora está poniendo en peligro su vida por no seguir el consejo de su médico.

Muchas personas preferirían morir, literalmente, antes que probar algo nuevo o cambiar. Es paradójico, pero aquello que más temen es lo que ocurre precisamente por *no* hacer el cambio ni probar. No es sabiduría lo que impulsa a una persona a no querer correr riesgos; es el temor, temor a perder la salud, la seguridad, la familiaridad, la comodidad, el control, el poder. Estas son amenazas demasiado grandes como para arriesgarse.

Los sentimientos de frustración de Rolando habían aumentado hasta el punto en que sentía que todo su mundo se venía abajo. Se sentía amenazado e infeliz en el trabajo después de perder la promoción que creía que merecía; y se sentía frustrado y amenazado en casa, por la idea que tenía su esposa de comprar una casa nueva. Sus hijos significaban nueva amenazas a medida que crecían y tomaban sus propias decisiones, decisiones que Rolando no podía controlar ni adaptar a sus demandas relacionadas con el temor. Se sentía asediado e incomodado por muchas cosas: los vecinos que habían comprado una casa rodante que él sabía que iba más allá de los recursos de ellos, la decisión de la iglesia de comprar un recinto para campamentos de verano, las nuevas disposiciones sobre los impuestos, el clima, el precio de la gasolina, las intenciones de su hijo de ser músico; su madre, que se niega a ir a un hogar de ancianos donde estaría más segura, aunque menos feliz que en su hogar. No comprendía por qué la gente hacía cosas irracionales.

A medida que Rolando continuó con sus sesiones de terapia, comenzó un estudio inquisitivo de sus hábitos. Con ayuda, pudo ver situaciones en las que se había dicho a sí mismo mentiras paralizantes acerca de los riesgos.

Le resultó penoso hablar en cuanto a su adolescencia.

—Recuerdo lo infeliz que me sentía siempre, me sentía muy solo. Si quería llamar a alguien, o simplemente mostrarme amistoso, no podía hacerlo. Si había un grupo de niños parados en algún lugar, no me atrevía a unirme a ellos. Siempre tenía miedo a ser rechazado, supongo. Cuando era chico, mi madre resolvía todos mis problemas. Además, solía invitar a sus amigas que tenían hijos de mi edad. Conocía a todos los niños de la manzana y los invitaba a eventos especiales que ella misma inventaba, y de una manera u otra lograba que yo siguiera adelante. Pero cuando entré en la adolescencia pareció como que todo el mundo se me venía abajo. Odiaba la escuela, aun cuando todo el mundo me decía que era muy inteligente. Nunca le pedía a nadie que hiciera algo conmigo. Nunca me acercaba intencionalmente a nadie para conversar, como lo hacen los demás....

—¿Sabes qué te hacía comportarte de ese modo?

—Bueno, creo que tenía terror a que me rechazaran. Por ejemplo, temía invitar a algún amigo a hacer algo y que dijera que no. Tenía mucho miedo y me sentía atado. El solo pensar en ello ahora me hace sentir muy mal, ¿por qué?

—Por varias razones. Por ejemplo, invitar a un amigo sería correr un riesgo, ¿verdad?

—Sí, podría rechazarme.

La agitación de Rolando creció. Mientras hablaba fue despedazando el vasito desechable de café.

—Sabía que me podía desenvolver tan bien como los demás niños en muchas cosas, pero sencillamente no trataba de hacerlo. Cosas como deportes, debates públicos, en verdad, no lograba obligarme a participar. Me sentía muy, muy *solo*. También me sentía irritado. Tenía fantasías en cuanto a disparar un arma contra algunas personas. Aun ahora cuando me siento frustrado y enojado en el trabajo, pienso en tomar un revólver, pararme en medio del vestíbulo y comenzar a disparar.

Las creencias erróneas de Rolando tenían lazos muy fuertes con sus pensamientos y sus acciones. Aunque era probable que nunca llevara a cabo su fantasía de disparar un arma, se sentía infeliz de tener semejantes pensamientos.

«¡Soy cristiano! —exclamaba—. ¿Cómo se me pueden meter semejantes ideas en la cabeza?»

Cuando algo nos resulta doloroso, automáticamente queremos librarnos de ello, ya sea un pensamiento, una acción, un hecho, una situación o un estímulo físico. «¡Mamá! Me duele aquí, ¡sácame el dolor!», dice el niño, y mamá le da un beso donde le duele, lo arrulla, ora y el niño se calma. Cuando el adulto siente dolor y exclama: «¡Ayúdenme, por favor, que alguien me ayude!», no hay respuesta y el dolor persiste, entonces busca en su bolsa de mecanismos usados para enfrentar el dolor. Uno de esos mecanismos para eliminar el dolor podrá consistir en hacer desaparecer a las personas que lo causan. También puede consistir en hacer desaparecer la presencia de personas felices que sólo le recuerdan sus propias pérdidas y su dolor. Es por eso que a menudo nos sentimos aliviados cuando leemos acerca de otros que sufren tragedias o pérdidas u oímos acerca de los fracasos de alguien. De alguna manera eso alivia nuestras ansiedades personales. Uno dice: «Eh, después de todo, no estoy tan mal. Aquí hay un tipo a quien se le incendió la casa y murieron su esposa y sus cuatro niños. Aquí hay otro que ha ido a prisión por malversación de fondos y aquí está una estrella de cine que murió por una sobredosis de pastillas para dormir. Después de todo, estoy muy bien».

El deseo de Rolando de extinguir la angustia que sentía por sentirse solo y excluido encontraba expresión en sus fantasías de disparar un arma. Trataba de borrar el dolor borrando a la gente.

«No entiendo por qué tenía tanto miedo a ser rechazado. La gente me resultaba sumamente intimidadora. Alguien me dijo una vez que si yo no trataba de hacer amigos, nunca los tendría. Bueno, es verdad. Me quedé encerrado y nadie se me acercó para tratar de trabar amistad conmigo. No parecía amigable, ¿cómo iba a serlo? Todo el mundo me daba pánico».

El temor de Rolando a arriesgarse lo privó de una adolescencia feliz y productiva. Fueron años de confusión, de angustia y sufrimientos a causa de su creencia errónea de que es terrible arriesgarse.

Pensaba que correr riesgos podía resultar en un rechazo. Ser rechazado sería terrible. Sus creencias erróneas eran:

1. Nadie debe rechazarme.
2. Todo el mundo tiene que ser amable conmigo.
3. Nadie debe herir mis sentimientos o no querer estar conmigo.
4. Sería pavoroso si alguien intencionalmente hiriera mis sentimientos.

¡Todo eso es MENTIRA!

Si cree alguna de ellas, por favor, considere por un momento la verdad.

Dios mismo corrió el riesgo de padecer una gran pérdida cuando se determinó a construir su reino. Corrió el mayor de los riesgos que conoce la historia cuando envió a su Hijo Jesús, a la tierra, para beneficio nuestro. Cuando Jesús inició su ministerio, arriesgó la pérdida de su reputación, su familia, la seguridad terrenal, el hogar, la popularidad y los amigos; literalmente, todo lo que una persona puede perder, para hacer la voluntad de su Padre.

Mire el riesgo que asumió Dios cuando creó al hombre con libre albedrío. Se arriesgó a que el hombre pudiese usar su voluntad para rebelarse *contra* él, su creador y protector. Y eso es precisamente lo que ocurrió.

Como resultado del riesgo que corrió Dios, *ocurrió* lo peor que podría haber pasado. El hombre se rebeló realmente contra Dios y tomó su propio camino. «Todos nosotros nos descarriamos como ovejas» (Isaías 53:6), nos dice la Palabra de Dios. «Todos pecaron, y están destituidos de la gloria de Dios» (Romanos 3:23). Sin embargo, Dios creó al hombre perfecto, sin mancha, sin pecado, santo y «bueno» a sus ojos, ¡creó al hombre a su propia imagen! (Génesis 1:26). El riesgo que corrió fue muy grande y mira lo que sucedió.

No podemos concluir que Dios no sabía lo que hacía o que, puesto que corrió el riesgo, actuó en forma impulsiva o sin juicio (como nos acusamos a nosotros mismos cuando corremos algún riesgo). Para Dios el premio era tan grande que valía la pena correr el riesgo.

Dios quiere que lo imitemos. «Sed, pues, imitadores de Dios», dice Efesios 5:1. Como seguidor de Cristo, imítalo. Eso incluye imitar su disposición a correr algunos riesgos. Usted puede pasar por momentos en que no vea más que un paso del camino, pero puede confiar en Dios en cada paso. Puede confiar en Dios para solucionar las consecuencias que usted no pueda solucionar. Puede creer que arriesgarse es saludable.

La fe misma es un riesgo. Tiene que confiar en Dios y actuar por fe para dar el paso que no puede ver. Si va a caminar sobre el agua, tiene que estar dispuesto a *arriesgarse* a que se pueda hundir hasta el fondo.

- No puede vivir una vida feliz y pacífica, sin riesgos.
- Para ganar un amigo tiene que correr el riesgo del rechazo.
- Para salir con personas del sexo opuesto, tiene que arriesgarse a ser rechazado o a no caerle bien a la persona.
- Para hablar y ser escuchado por otros tiene que arriesgarse al desaire, a la corrección o a la censura.
- Para que le tomen en cuenta, tiene que correr el riesgo de ser ignorado.
- Para obtener un trabajo tiene que arriesgarse a que no acepten su solicitud.
- Para ser líder tiene que arriesgarse a recibir críticas y oposición.
- Para obtener un ascenso en el trabajo, tiene que correr el riesgo de que otro se le adelante.
- Para ganar, tiene que correr el riesgo de perder.
- Esos riesgos no son malos.

La creencia errónea de que es estúpido o pecaminoso tomar decisiones que pueden salir mal es infundada. Se nos dice que seamos astutos como serpientes, y sencillos como palomas (Mateo 10:16). La sabiduría no implica actuar ni con temor ni con cobardía.

El perfecto amor echa fuera el temor (1 Juan 4:18), significa que el amor de Dios ha barrido con el poder del temor sobre nuestra vida, si es que estamos dispuestos a usar los métodos de Dios para vencerlo. «Echen todos sus temores en mí» (paráfrasis de 1 Pedro 5:7). El Señor explica: «Déjenme todos sus temores, yo sé qué hacer con ellos». Es de esta manera en que somos liberados para poder arriesgarnos.

Entonces, nuestra principal preocupación no será que tengamos éxito ni que fracasemos. No estamos esclavizados por el temor a los resultados negativos. De buena gana nos permitimos o exponemos a un posible fracaso, a posibles resultados negativos. El temor angustioso y la ansiedad ya no tienen un papel dominante en nuestra vida.

El cristiano que camina en el Espíritu, bajo la voluntad de Dios, puede confiar que el resultado de sus acciones con fe está totalmente en las manos del Padre. La verdad para el cristiano es que el desastre, las catástrofes o el fracaso total, *no pueden ocurrir.* ¡No tenemos ningún derecho de pensar en esos términos!

Dios nunca falla.

Un refrán que es realidad para el hijo de Dios es: «El que no se aventura, no cruza el mar». Moisés, cuando condujo a Israel en el desierto; Abraham, cuando dejó su casa sin tener ninguna idea de su destino final; Daniel, cuando continuó orando en contra de la ley del rey; los apóstoles que predicaban que el Cristo crucificado había resucitado y que volvería, a pesar de las tremendas represalias: todos *corrían riesgos.* Se arriesgaban con el conocimiento de que si no se arriesgaban, no podrían ganar.

> *... aun estimo todas las cosas como pérdida por la excelencia del conocimiento de Cristo Jesús, mi Señor, por amor del cual lo he perdido todo, y lo tengo por basura, para ganar a Cristo (Filipenses 3:8).*

Estas no son las palabras de un hombre insatisfecho, manejado por la ansiedad de perder algo precioso. Pablo estaba dispuesto a arriesgar todo lo que se podía arriesgar porque sabía con absoluta seguridad a quién pertenecía, y la relación con Cristo Jesús le era más importante que su propia comodidad y aun su vida.

Todos, en algún momento de la vida, tomamos decisiones sin el beneficio de conocer las consecuencias. Nuestro desdichado amigo Rolando, comenzó a comprender este hecho y, cuando lo hizo, comenzó a identificar sus creencias erróneas acerca de los riesgos. Usando nuestro sistema de tres puntos, *identificó, debatió* o *arguyó* y *reemplazó* sus creencias erróneas con la verdad, en ese orden. De ninguna manera fue un proceso rápido.

Creencia errónea:
Es pecado cometer un error.

Argumento:
Los errores no son necesariamente pecaminosos. Muchos errores resultan del hecho de que como ser humano no soy omnisciente, y no hay nada malo en eso. Si cometo un error por actuar según mi naturaleza, tengo un Salvador para que me guarde de mis propios errores y para conducirme al camino de la verdad. No quiero andar según mi naturaleza carnal, ni quiero cometer errores debido a la ignorancia, pero hasta donde alcanzo a ver, no hago ninguna de las dos cosas, de modo que decido actuar en fe, aun consciente de que corro el riesgo de cometer un error.

Reemplazo con la verdad:
He valorizado demasiado el hacer las cosas bien y el ser siempre aceptado. Para mí no es vital ser aceptado ni hacer las cosas bien el cien por ciento de las veces. Dios no falla. Yo tengo mi fe y mi confianza puestas en él. En el pasado, he tratado de ser mi propio señor, pero ahora, al correr riesgos, le entrego a Dios el señorío de mi vida.

Rolando comprendió que no sería el fin del mundo si invitaba a un amigo a jugar a los bolos o a pescar y este rechazaba la invitación. Comprendió que no era el fin del mundo si no siempre elegía el camino más seguro y menos riesgoso.

«Sé que no tengo que intentar arriesgarme menos que lo que se arriesgó Jesús», razonó. Descubrió que podía soportar incluso el rechazo, aunque sus decisiones no resultaran como quería o como esperaba. ¡Podía soportarlo!

Aprender a correr riesgos aceptables con su carrera y con las finanzas fue más difícil para Rolando, porque las consecuencias eran mayores, pero también en eso tuvo progresos, oponiéndose tenazmente a las creencias erróneas con la verdad. Luego obró de acuerdo a lo que sabía que era cierto.

Usted puede ayudarse a sí mismo a cambiar. Si ha albergado algunas de las creencias erróneas acerca de correr riesgos que hemos discutido en este capítulo, puede luchar para cambiar esas creencias erróneas y las conductas que producen.

En la siguiente lista, marque los comportamientos que suele *evitar* porque le resultan riesgosos:

___ Contarle a otra persona sus debilidades, pecados o errores.

___ Invertir dinero en algo que tiene muchas posibilidades de poder redituar ganancia.

___ Pedir una cita.

___ Aceptar una cita.

___ Pedir un aumento.

___ Decirle a alguien que le gusta mucho.

___ Decirle a alguien que lo quiere.

___ Hablarle claro a alguien que alguna vez le intimidó.

___ Contarle a alguien en cuanto a las cosas que desea o necesita.

___ Invitar a alguien a aceptar a Jesús como Salvador y Señor.

___ Hablarle a un extraño en una sala de espera o en un ómnibus.

___ Invitar a alguien (que no sea de su familia) a que pase una tarde (o una mañana) charlando o compartiendo con usted.

Esta es una lista incompleta, de modo que por favor pídale al Señor que le recuerde las esferas en las que teme arriesgarse. Sobre todo aquellas en las que se requiere agradar a Dios. El Espíritu Santo las traerá a su memoria. Escríbalas en su cuaderno de notas. Escriba las creencias erróneas acerca de correr riesgos que le impiden actuar de modo apropiado en cada situación.

Lo que sigue es un ejemplo tomado del cuaderno de notas de una persona:

Creencia errónea: Está mal permitir que alguien se entere de mis puntos débiles. Tengo miedo de correr el riesgo que involucra hablarle a otro acerca de mis debilidades. La creencia errónea que continuamente me repito a mí mismo es que las intimidades son muy personales y es peligroso revelarlas a los demás. Si soy sincero con alguien, esa persona podrá rechazarme algún día. En ese caso, desearé jamás haberle contado cosas tan personales y profundas acerca de mí. Además, ¿y si esa persona piensa mal de mí después que le revele mis verdaderos sentimientos? Sería espantoso. Me sentiría destrozado. Es más seguro no decir mucho acerca de mí mismo. Es más seguro guardar cierta distancia.

Después que haya escrito en su cuaderno de notas, compare su creencia errónea con las siguientes citas de las Escrituras y hágase las siguientes preguntas:

1. «Pero cuantas cosas eran para mí ganancia, las he estimado como pérdida por amor de Cristo» (Filipenses 3:7). *¿Estoy dispuesto a aceptar las pérdidas por amor de Cristo?*
2. «Pero sin fe es imposible agradar a Dios; porque es necesario que el que se acerca a Dios crea que le hay, y que es galardonador de los que le buscan» (Hebreos 11:6). *¿Estoy dispuesto a obrar en fe y creer en Dios con todo mi ser?*
3. Lea la parábola de los talentos en Mateo 25:14-30, donde el Señor nos enseña que espera que nos arriesguemos. Si no corremos riesgos, no podemos poner en funcionamiento con efectividad los preciosos dones que el Señor nos ha dado. Si no nos arriesgamos no podemos usar ninguno de los dones del Espíritu, no podemos testificar de Jesús, no podemos orar por la sanidad de nadie, no nos atreveremos a pedir que alguien ore por nosotros, no daremos con generosidad para la casa de Dios, no amaremos, no

perdonaremos, no alabaremos, ni pediremos que se nos
dé algo. No avanzaremos en el campo en que el Señor nos
ha puesto. En vez de eso, enterraremos todo lo que Dios
nos ha dado, en el frío implacable de la tierra, como hizo
uno de los siervos de la parábola. En esa parábola, Dios
se opone claramente al temor de arriesgarse.

ESCUCHE LAS PALABRAS QUE SE
DICE A USTED MISMO

A veces, las palabras que usted se dice nunca llegan a constituir
frases claras y precisas. Son más bien como impresiones. Julia,
la mujer que se niega a mudarse a un clima más cálido para el
bien de su salud, no se daba cuenta de lo que se estaba diciendo
al comienzo, porque nunca había llegado a decirse: «Me voy a
decir a mí misma la creencia errónea de que sería terrible estar
sola en una ciudad extraña». Era más bien como un sentimiento
de ansiedad que experimentaba cuando se imaginaba a sí misma
abandonada y sola en un lugar extraño.

Sin embargo, una vez que usted *identifica* la creencia errónea,
tiene que *discutirla, rebatirla*. «No, *no* sería terrible estar sola en
un lugar extraño. Dios me ha prometido claramente que nunca
me dejará ni me abandonará. Es tonto que dude de eso. Además,
hay iglesias y cristianos maravillosos en cada ciudad del país.
Será emocionante conocer y entablar amistad con cristianos. Será
toda una aventura. Le agradezco a Dios por haberme provisto la
oportunidad de arriesgarme y de sentir emociones nuevas a esta
altura de mi vida».

Nunca pierda una oportunidad para reemplazar una creencia
errónea con la verdad.

Si se esfuerza en cambiar, desarrollará hábitos que se man-
tendrán toda su vida. Cada vez que se introduzca una creencia
errónea en su sistema de ideas, la podrá reconocer como tal,
considerarla y reemplazarla con la verdad. ¡JESÚS ES SEÑOR
DE MI VIDA!

EL CAMBIO

A fin de lograr mejores resultados, la técnica para eliminar su comportamiento temeroso es ir dando pasos cortos al comienzo. Empiece enfrentando pequeños riesgos que no sean paralizantes, luego progrese paso a paso afrontando riesgos más serios. El resultado de arriesgarse progresivamente será:

1. Enseñarse a *buscar la voluntad del Señor* en situaciones en las que haya sentido temor.
2. *Confiar en que el Señor* le sostendrá, según su voluntad.
3. *Obedecer al Señor* en cuanto a seguir su guía para actuar.
4. Experimentar *la bendición del Señor* al enfrentarse a sus ansiedades con la ayuda de él.

Al hacer precisamente aquello que teme, se sobrepone al temor. ¿Comprende? Eso sucederá a medida que progrese gradualmente de un riesgo a otro mayor. Si sólo ha apuntado riesgos mayores en su cuaderno de notas, vuelva al Señor para que le muestre algunos riesgos menores de forma que pueda empezar a actuar. De allí en adelante, progrese con otros riesgos mayores y observe el cambio que se produce en su vida. Tal vez sienta como Rolando, después que firmara los papeles para la compra de una nueva casa, lo siguiente: «Estoy experimentando algo totalmente nuevo en mi vida... ¡paz!»

CAPÍTULO ONCE

Las creencias erróneas en nuestras relaciones con los demás

La mujer habla con voz aguda y es evidente que está perturbada. Habla en forma entrecortada, chasqueando las sílabas finales de las frases como si las masticara.

«¡Ese esposo mío no hace nada en la casa! Se podría venir abajo si fuera por él. *Yo soy* la que despejo la nieve del camino, corto el césped, arreglo los enchufes descompuestos, saco la basura y él, ¿qué hace? ¡Nada!»

De acuerdo a esa mujer, es obvio que su esposo no está cumpliendo su parte en el contrato matrimonial. Sigue diciendo: «Cuando se descompone el automóvil, ¿quién llama al mecánico? *Yo*. Cuando se rompió el calentador de agua la primavera pasada, ¿quién se encargó de hacerlo arreglar? *Yo*. Yo hago todo en la casa; todo lo que hay que hacer».

Con esa colección de diatribas, ella se siente justificada. ¿En qué ley dice que el hombre debe cortar el pasto, limpiar los caminos y arreglar los aparatos?

«Pero yo también cocino, limpio, hago de chofer, disciplino a los niños, hago las compras. Todo. Mi esposo debiera hacer las tareas que le corresponden al hombre».

Esta pobre mujer cree firmemente que su esposo no cumple con las obligaciones que tiene como hombre de la casa.

«Los hombres tienen que hacer los arreglos y el trabajo pesado».

En otras palabras, *su esposo tiene que cumplir las expectativas que ella tiene* de él. Como no cumple con esas expectativas, está ofendiendo lo que ella llama la «*ley* sobre las *obligaciones del hombre*». En consecuencia, él está mal; es un sinvergüenza, no un hombre; vale decir, en su opinión.

Las esposas no son las únicas que tienen una lista de expectativas que pretenden que se cumplan. Piensa en el caso del hombre que se horroriza porque su esposa quiere salir a trabajar y dejar el lavado de la ropa y la limpieza de la casa en manos de una empleada doméstica.

«El lugar de la mujer es en la casa», protesta, sin comprender cómo puede ella cometer semejante insulto a sus expectativas. «¡Yo no lavo platos!», afirma categóricamente. «Esa es tarea de mujeres».

Le alarma la idea de que su esposa no sólo quiera salir a trabajar, sino que es probable que tenga el mismo salario, o mayor aún, que él. Su «ley sobre las *obligaciones de las mujeres*» dice que ella está mal, que es injusta y que no es una verdadera mujer.

Poner a otros bajo la ley, es decir, bajo *mis* expectativas, implica decirme a mí mismo que los demás están obligados a cumplir con ellas, sean correctas o erróneas. Este es uno de los mejores métodos que existen para forjarse una vida desdichada. Usted también hará infelices a otros y ni siquiera se dará cuenta por qué.

Cuando usted se arma una lista de obligaciones para otros, está abriendo ampliamente una puerta para la desilusión. Estas obligaciones arbitrarias que atribuye a los demás no forman parte de la Palabra de Dios.

En ninguna parte de la Biblia se le dice al esposo: «Debes limpiar el camino, ahora cortar el césped y luego arreglar todos los artefactos descompuestos». Y en ninguna parte de la Biblia dice: «Esposa, no debes salir de tu casa, jamás debes pedirle a tu esposo que lave los platos».

Su vida se puede convertir en una escalofriante red de obligaciones, porque no sólo estará la «*ley* sobre las *obligaciones*» que usted imponga a los otros, sino también las obligaciones que los demás le impongan a usted.

Graciela es una mujer que siempre está atareada, de las que responden al teléfono con la respiración entrecortada. Uno siente que le está haciendo perder el tiempo cuando la obliga a decir «Hola» por teléfono. Trabaja más que cualquier otra persona, pero si usted le solicita un favor, siempre lo hará.

Un día, confesó con preocupación: «Me siento presionada, sobrecargada de trabajo, siempre corriendo de un lugar a otro por otras personas. Me siento como un juguete de cuerda. Basta apretar el botón y haré alguna cosa buena...»

Graciela cumplía la mayoría de sus actividades con un falso sentido de obligación. Limpiaba su casa por obligación (*debo* tener una casa limpia). Cuidaba a sus hijos con mucho más despliegue del que realmente necesitaban y lo hacía por obligación (después de todo, la madre de mi esposo siempre cosió la ropa de sus hijos, también lo tengo que hacer yo). Hacía diligencias para otros, ayudaba a sus propios padres en todo lo que podía, pertenecía a varias comisiones de la escuela y de la iglesia, se ocupaba de que una o dos veces a la semana tuvieran invitados, trabajaba de voluntaria en el hospital local y además, laboriosa y resueltamente sólo servía pastas caseras, pan casero y, dos veces a la semana, hacía el planchado de las fundas y de las sábanas. Si hubiera tenido tiempo, seguramente habría hecho el lavado y el planchado de algún vecino.

Era esclava de la obligación. La mayor parte de sus actividades no se debían a un sentido de servicio, sino a un falso nivel de requerimientos que se había impuesto.

La vida social de Graciela era la respuesta a su lista de «debiéramos». «Debiéramos invitar a los Ricci, ellos nos invitaron el mes pasado». «Valeria me envió una tarjeta para mi cumpleaños, yo debiera mandarle una a ella». «Jaime le hizo un regalo costoso a mi Ernesto para el intercambio de Navidad, nosotros también debiéramos hacerle uno».

Se molestaba en hacer cosas por otros porque pensaba que «debía hacerlo». Aceptaba invitaciones porque creía que «debía hacerlo». Ofrecía condolencias, felicitaciones, despedidas y bienvenidas porque pensaba que «debía hacerlo».

Graciela es sólo una de la corriente interminable de personas cuyas vidas son una confusión constante a causa de la creencia errónea de que las relaciones humanas son alianzas de obligación.

Pero hay sólo dos obligaciones básicas, dos cosas que *debiéramos* hacer: Amar al Señor Dios con todo el corazón y con toda el alma y con toda la mente ... amar al prójimo como a sí mismo (Mateo 22:37-39).

Dios está interesado en la *calidad* de nuestras relaciones. Eso se logra con el verdadero amor. El amor dice: «Si tú eres tú, está bien. Si yo soy yo, también está bien. Eso significa que te dejo libre de expectativas y obligaciones que podría haber abrigado yo. Así que me libero también de tus obligaciones y expectativas irreales».

Dios está profundamente interesado en sus relaciones con los demás, y quiere estar en el centro de ellas para convertirse en el foco de sus afectos y cuidados. Su motivación es el amor.

LA FALSA OBLIGACIÓN DICE:	LA OBLIGACIÓN POR AMOR DICE:
«Tengo que hacerlo porque debo; es mi deber».	«Lo hago porque elijo hacerlo».
«Debo hacerlo porque es lo que se espera de mí».	«Quiero hacerlo porque me interesa».
«Debo hacerlo porque se supone que lo haga».	«Lo hago porque quiero».

Es una cuestión de esclavitud versus libertad; de ley versus espontaneidad; de letra y código versus Espíritu y vida.

Para algunos cristianos la palabra «elijo» es parte de un vocabulario extraño y desconocido. Están tan esclavizados a las demandas legalistas que el único momento en que sienten alivio de la sensación de culpa es cuando dicen: «*Debiera*». Graciela confesó que se sentía más santa cuando estaba presionada y sobrecargada de trabajo, persiguiendo un batallón de «debieras».

La palabra *debiera* es preludio del sentimiento de culpa. Graciela se dice: «*Debiera* invitar a cenar a mi madre», y luego, como en realidad *no quiere* hacerlo, no la invita a cenar alegando falta de tiempo o un programa recargado. Se siente culpable: «*Debiera haber* invitado a mi madre a almorzar».

Si en realidad hubiera querido invitarla, lo habría hecho. Si hubiera *elegido* hacerlo, probablemente hubiese modificado su programa. O, como alternativa, habría llamado a su madre y la hubiera invitado para la semana siguiente, lo que implica una invitación adelantada para esperar con agrado, y se habría sentido bien.

Supongamos que Dios nos haya creado autómatas, programados rígidamente para hacer su voluntad. Supongamos que estuviéramos programados de tal modo que fuese imposible que pudiéramos hacer algo contrario a sus mandamientos. ¿Habría personas que obraran por *amor*? ¿Se puede decir que una máquina cuando funciona está amando?

El amor de Dios es un amor de *libre elección*. ¡Qué palabras tan maravillosas! La verdadera libertad es la oportunidad de *elegir* actuar y vivir como debemos. Tenemos la gloriosa oportunidad de descubrir la personalidad de Jesús, de elegir amar en vez de la manipular la culpa y las falsas obligaciones.

¿Es feliz un matrimonio en que el esposo y la esposa llevan una vida que consiste en suplir las expectativas mutuas? («Tú *debes* traer las provisiones. Mi padre siempre lo hacía». «Debes doblar mis medias de tal forma. Mi madre siempre lo hacía así».) Tú debes... tú estás obligado...

La respuesta no consiste en aprender a amar todo lo que hacemos el uno por el otro; la respuesta es aprender a dejar de lanzarnos demandas injustas y nada cariñosas. Si se nos permitiera el derecho de elegir nuestras acciones en amor, de vivir de acuerdo al evangelio de Cristo más bien que según el evangelio de «los demás», haríamos algunos descubrimientos sorprendentes acerca de nosotros mismos y de nuestras relaciones.

Sus expectativas le hieren tanto a usted como a los demás. Cuando exige que otros cumplan sus expectativas, se hace blanco de la derrota. ¿Qué le sucede a *usted* cuando los demás no hacen lo que espera de ellos? ¿Qué le sucede a *usted* cuando los demás no le ayudan, no se preocupan por usted, no le tratan de la manera que piensa que deben hacerlo? ¿Qué le sucede cuando alguien hace o dice algo para arruinar sus expectativas acerca de él o de ella? Suponga que alguna persona cercana no cumple sus expectativas en cuanto a logros, éxito, educación, capacidades o felicidad personal, ¿qué sucede cuando esas expectativas que se ha enseñado a tener, se quedan allí flotando, a merced del viento, sin fruto, vacías, insatisfechas?

Lo que sigue es una lista de exigencias y expectativas antibíblicas, y sus resultados cuando no se cumplen.

EXPECTATIVAS ANTIBÍBLICAS	RESULTADOS
Exigencias de los esposos y esposas entre sí.	Heridas, sensación de no ser querido, de rechazo, de irritación, de insatisfacción, depresión.
Exigencias de los amigos entre sí.	Hostilidad, sensación de ser despreciado, de ser desaprobado, de fracaso, de rechazo, de inutilidad.
Las exigencias de los hijos hacia los padres y de los padres hacia los hijos.	Sensación de no ser amado ni querido, de inutilidad, de fracaso, de irritación, falta de identidad.

Figúrese que es libre de las obligaciones con los demás, las que están basadas en premisas falsas. Figúrese libre para actuar por amor y por elección. Usted es libre *de*:

1. Lo que otra gente pueda decir o pensar de usted.
2. Lo que otra gente espera que sea y haga.
3. Las expectativas con las que usted trata de atar a los demás y que sólo le dejan frustrado y desgraciado porque ellos raramente cumplen las demandas de usted.

Usted es libre *para*:

1. Elegir ser y hacer todo lo que Dios ha planeado para usted.
2. Amar a su prójimo (esposo, esposa, hijos, amigos) como a usted mismo.

Imagínese que usted mismo está siendo movido por el Espíritu Santo que reside en su interior, así como un árbol es empujado desde el interior a producir hojas o fruto. ¡Es algo natural! Usted *es* una persona que ama, por la nueva creación en Jesús y porque el Espíritu Santo mora en usted. Mírese a sí mismo como Dios lo hace. Se le ha dado la posibilidad de elegir amar a otras personas y amarse a sí mismo sin temor, sin manipular, sin culpa, ni obligación.

La Biblia nos dice que el cumplimiento de la ley es el *amor* (Romanos 13:10), no es el deber, ni la responsabilidad, ni la obligación. «El que ama al prójimo, ha cumplido la ley» (Romanos 13:8).

¿ES MALO EL «YO QUIERO»?

Muchos cristianos tienen profundas sospechas acerca de sus propios deseos. Evitan decir: «Yo quiero», y están más dispuestos a decir algo así como: «Pienso que *debiera...*», o: «Siento que corresponde...», o: «Me siento guiado a...». Estas frases que suenan tan correctas, están muy bien, pero estarán de acuerdo con la gloria de elegir solamente si admitimos que *queremos*. ¿Cuál de las siguientes frases preferirías que se le dijera?

«Siento que *debo* visitarte».

O bien: «*Quiero* ir a visitarte».

¿Y cuál de estas expresiones prefiere?

«Siento que debo invitarte a cenar».

O bien: «Realmente estaría muy contento si vinieras a cenar a casa. Quiero que vengas, ¿lo harás?»

«Me siento guiado a casarme contigo».

O bien: «Te quiero y quiero que te cases conmigo».

No hay nada malo en sus deseos cuando están a la par de la Palabra de Dios.

La Palabra de Dios dice que Dios le da a usted lo que desea de corazón.

> *Deléitate asimismo en Jehová, y él te concederá las peticiones de tu corazón (Salmo 37:4).*

Fíjese que primero afirma que se deleite en el Señor. Cuando su deleite está en él y en sus caminos, sus deseos se convierten en los de él. Son puros y lo honran a él. Los caprichos de la carne son pecado cuando no son los caminos de Dios. Los deseos egoístas y malvados tienen que ser depositados al pie de la cruz.

Al hacerse creyente usted es una persona nueva. Cuando el Espíritu Santo de Dios, que está en su interior, le guía y le motiva, usted es una persona completamente diferente del pecador egocéntrico que era antes.

> *Si alguno está en Cristo, nueva criatura es; las cosas viejas pasaron; he aquí todas son hechas nuevas (2 Corintios 5:17).*

La pregunta es: ¿Cree realmente que es una nueva persona? «Conforme a vuestra fe os sea hecho» (Mateo 9:29). ¿Sigue dándole vuelta a sus pecados, a sus falsas expectativas y a sus problemas? ¿O está siendo liberado de ellos?

Esta es la maravillosa posibilidad para todo cristiano:

> *Con Cristo estoy juntamente crucificado, y ya no vivo yo, mas vive Cristo en mí (Gálatas 2:20).*

Esta nueva persona está tan identificada con el Jesús que vive en el interior de usted, que tiene los mismos deseos que él. Y como los deseos de Jesús son puros y amantes, los deseos de su nuevo ser también pueden ser puros y amantes.

Si casi nunca acierta al blanco y sigue los deseos de la carne o las sugerencias de Satanás, confiéselo inmediatamente a Dios y reciba su perdón y su limpieza. Es por eso que necesitamos examinarlo todo, someterlo todo a prueba (1 Tesalonicenses 5:21). La comunión con otros cristianos nos ayudará a probar y discernir cuando estamos inseguros acerca de alguna elección. Son ellos quienes pueden hacer sonar la alarma cuando estamos errados. La Biblia y nuestra propia conciencia también servirán como sistemas de advertencia, y nos ayudarán en la tarea de poner a prueba nuestros deseos.

LA MANIPULACIÓN POR MEDIO DE LA CULPA

¿Cómo hace usted que los que le rodean conozcan sus deseos? Cuando usted no especifica sus deseos y habla acerca de ellos con claridad, corre el riesgo de hacer que la gente se sienta culpable para que usted se salga con la suya.

En vez de hacer conocer sus deseos franca y claramente, manipula a la gente haciéndola sentirse culpable, para obtener lo que quiere. La manipulación es un comportamiento nocivo y la culpa es un sentimiento nocivo. *¿Ha escuchado alguna vez decir a alguien* lo fantástico que es el sentimiento de culpa? Tal vez no.

Hablar la verdad es una virtud que se puede aprender, al decidir dejar de lado las acusaciones, las amenazas y la hostilidad. He aquí algunos ejemplos de manipulación por culpa y la comparación con el hablar la verdad. ¿Cuál de ellos preferiría que alguien le dijera?

MANIPULACIÓN POR CULPA	AFIRMACIÓN SINCERA
Estoy exhausto, gastado, harto de trabajar todo el día y también fuera de hora. No me importan las horas extras (mentira) porque sé que estás deseosa de comprar ese automóvil nuevo. No me molesta trabajar horas extras (mentira) para poder comprártelo. Pero estoy muy cansado (verdad). Trabajar tanto me funde. No sé de dónde sacaré fuerzas para llevar a Alberto a la reunión del club esta noche.	Estoy muy cansado esta noche. Por favor, ¿podrías llevar a Alberto a su reunión del club esta noche?

El amor no manipula. El amor se atreve a decir la verdad.

A veces una persona puede estar tan acostumbrada al manipuleo, haciendo sentir culpa a los demás, que no puede reconocer el *amor* cuando lo ve.

LA MANIPULACIÓN DICE:	EL AMOR DICE:
Nadie me llama por teléfono. El teléfono no suena casi nunca. Por supuesto, yo siempre te llamo a *ti*. En realidad, *te* llamé dos veces la semana pasada.	No tienes ninguna obligación conmigo. Te quiero, sin atarte a mí.
¿Sabías que el esposo de Julia le trae flores todos los viernes? *Él* debe quererla realmente. Claro, a mí nadie me trae flores.	Querido, me encantaría que me compraras flores. Me gustaría que me trajeras un ramo, ¿lo harías?
No tengo cómo ir a la iglesia. Camino doce cuadras en la nieve y el frío, pero está bien. No me importa.	¿Podrías pasar a buscarme para ir a la iglesia? ¿No? Bueno, está bien. No te preocupes.

Usted dejará de manipular cuando sin dar rodeos afirme directamente lo que quiere. La manipulación juega con la culpa. Si puede conseguir que alguien se sienta culpable, podrá lograr que haga lo que usted quiere. No es ese el camino del Señor.

El señor y la señora L estaban desesperados por la conducta de su hija de dieciséis años. Salía todas las noches, bebía y fumaba, andaba con su pandilla y tenía relaciones íntimas con muchachos. Sus padres sentían que le habían fallado terriblemente. La habían criado con la idea de que estaban en deuda con ella por haberla traído al mundo. La señora L había quedado embarazada antes de casarse con el señor L, por lo que ambos se habían sentido muy culpables. Trataron de darle a su hija todo lo que podían para que su vida valiera la pena y, en cierto sentido, era una actitud expiatoria. Se sacrificaron y ahorraron de su pequeño sueldo y la enviaron a las mejores escuelas privadas, le compraron ropa costosa, le hicieron tomar clases privadas de piano, ballet, violín, equitación y patinaje artístico. La colmaron de juguetes, juegos, muebles hermosos, le hacían fiestas, la sacaban a pasear, la llevaban de vacaciones, asistía a campamentos, todo lo que ella quería o deseaba. Amaban entrañablemente a su hija, pero era un amor teñido de obligación y de culpa.

Ya cuando buscaron consejo, la señora L se había enseñado a sí misma una sarta de conductas manipuladoras ineficaces. Estaba confundida y frustrada porque su hija no se sometía a sus demandas y leyes obligatorias. También el señor L carecía de respuestas, a pesar de sus amenazas, advertencias, explosiones, lágrimas, exigencias y acusaciones destinadas a producirle culpa por lo mucho que habían hecho por ella, y nada funcionaba. Su hija andaba por ahí haciendo lo que le venía en gana, desafiando directamente sus deseos.

El señor y la señora L tenían que aprender a librarse de su propia lista de exigencias y expectativas, y ponerla al pie de la cruz. En lugar de usar la manipulación mediante conductas provocadoras de culpa, tenían que aprender a hablar con la verdad y con amor.

MANIPULACIÓN	VERDAD Y AMOR
Susana, últimamente casi nunca estás en casa, y nosotros estamos aquí preocupándonos por ti noche tras noche.	Queremos que esta noche te quedes en casa con nosotros. Practicaremos algunos juegos y lo pasaremos muy bien.
¿Qué quieres decir con eso de que no quieres estar con nosotros, tus propios padres? ¿No te das cuenta de todo lo que hemos sacrificado por ti y ahora no quieres pasar ni siquiera una noche con nosotros, las únicas personas en todo este mundo que realmente te *quieren*?	Entendemos que te gustaría salir con tus amigos esta noche, pero tendrás que suspenderlo. Queremos pasarlo juntos esta noche, como familia.
Pensar en los años que nos hemos dedicado a ti, en todas las privaciones y en todo lo que te dimos....	Tú eres alguien especial. Por eso te amamos...

La conversación con Susana no terminó allí. Le llevó tiempo a ella también ajustarse a las conductas no manipulativas y a hacer algunos cambios en sus propias actitudes y acciones.

El Señor Jesús está siempre listo para conducirnos a toda verdad por el poder del Espíritu Santo. Nos ha dado libertad de la ley del pecado y de la muerte. La ley de las obligaciones, de las exigencias y de las expectativas ya no tiene que regirnos. Estamos bajo la ley de la gracia. Somos libres.

Graciela buscó ayuda profesional para sus problemas porque pensaba que estaba perdiendo el control de su vida. Sus relaciones consistían en un enredo de obligaciones y de desilusiones. Se decía a sí misma que estaba obligada con todo el mundo, y raramente hacía algo sin antes convencerse de que *debía hacerlo*. Sus profundos resentimientos y sus sentimientos de culpa no resueltos se habían acumulado hasta producir un cuadro de neurosis depresiva.

Tuvo que aprender que la perfecta obra expiatoria de Jesús había roto, al pie de la letra, las cadenas del legalismo en sus relaciones con los demás. Necesitaba ver que no precisaba cadenas como esas para hacerla una buena persona. Ser persona dependía de lo que Jesús había hecho en la cruz, no de lo que las otras personas pensaran de ella.

Por último, una libertad nueva llena de amor reemplazó a las obligaciones autoforjadas en sus relaciones con los demás. Le escribió una carta a su terapeuta algunos meses después que terminó la terapia. Nos gustaría compartirla:

> Ahora puedo experimentar el amor de Jesús fluyendo a través de mí hacia otras personas, por primera vez en mi vida. Me levanto por la mañana y vivo cada día, no porque *debo* hacerlo para devolver o satisfacer las exigencias de alguien, sino porque *quiero servir*... Es maravilloso. Creo que el día más feliz de mi vida fue aquel en que expulsé de mis pensamientos la palabra *obligación*... ¡Gracias!

Las relaciones de usted con los demás merecen su veracidad y su amor. Usted se merece el respeto y la felicidad que producen esas relaciones.

CAPÍTULO DOCE

La creencia errónea de que uno es indispensable

—Lamento llamarlo a esta hora —dice una voz melancólica.

Usted mira el reloj sobre la mesa de noche, son las tres de la mañana.

—Bueeeeno, ah... está bien —dice usted en forma casi ininteligible.

—Es la única persona a quien podía dirigirme —sigue la voz—. Supongo que también desperté a su esposa, como la otra vez. Lo lamento realmente.

—Está bien —mira a su esposa, que está sentada en la cama viendo al reloj con una mirada desconcertada. La llamada del teléfono despertó al bebé y ahora su llanto llena la habitación. Su esposa se levanta murmurando algo sobre lo que es justo....

—Sí, ah, claro —dice con un débil gruñido—. Está, ahhh, está bien. Puede venir.

Las llamadas de este tipo después de medianoche no son nada nuevo. La gente infringe los derechos de usted a toda hora, de día o de noche, si se deciden a hacerlo. Usted ha estado muy orgulloso de decir que su vida es una puerta siempre abierta para aquellos que están en dificultades.

De tanto en tanto, los furtivos traidores de la realidad se asoman para quitarle la tranquilidad, pero usted se los sacudes con palabras que suenan muy bien, como: «Tengo que estar dispuesto a sacrificarme para atender las necesidades de los demás». Usted se dice que está aprendiendo a «morir a sí mismo», pero ¿es así como se llama al estar muerto de cansancio y que su propia familia sufra a causa de ello?

Piense en la experiencia de un joven pastor llamado Juan. Él y su esposa Linda tenían el interesante ministerio de atender una cafetería por la que circulaban 500 jóvenes cada semana. La enérgica pareja era bien conocida y respetada en las iglesias de la zona y recibían apoyo financiero de ellas. Todo parecía perfecto desde cualquier punto de vista.

Varios de los jóvenes ayudaban en los aspectos prácticos del ministerio, pero toda la carga del liderazgo espiritual caía sobre los hombros de Juan y de Linda. Ellos hacían toda la tarea de aconsejar, predicar y enseñar, además de controlar los demás aspectos del ministerio. Juan y Linda trabajaron día y noche durante tres años, sin tomarse vacaciones y sin tener casi ningún momento para estar solos. Sus momentos de recreación y descanso siempre incluían a —o se centraban alrededor de— los jóvenes. Noche tras noche Juan y Linda se desvelaban aconsejando a alguna persona que estaba en dificultades.

El ministerio florecía. Cientos de jóvenes llegaron a conocer al Señor como Salvador, y muchos de ellos pudieron resolver serios problemas, como la drogadicción, la vagancia, asuntos sexuales y ofensas criminales.

Pero luego, de repente y sin razón aparente, Linda se enfermó. Quedó confinada a la cama, imposibilitada de usar las piernas. Después de un mes se recuperó y se levantó, sólo para tener una recaída y volver a la cama en pocas semanas. Se volvió a recuperar, pero después de un corto tiempo estaba de nuevo en la cama con los mismos síntomas. Ella y su esposo atribuían la enfermedad a los ataques del diablo para destruir su ministerio.

No veían las armas que estaba usando.

Le habían entregado al ministerio cada segundo de su tiempo, mientras su matrimonio se venía abajo de manera lenta e insidiosa. No tenían tiempo el uno para el otro, ni para descanso ni para relajamiento. Se hallaban con las energías casi agotadas. Cansancio, preocupación, enfermedades, sobrecarga de trabajo, tensión, luego palabras hirientes, discusiones, silencios fríos, en forma inadvertida fueron perdiendo la capacidad de orar, tanto que mucho antes de que se pusiera de manifiesto estaban en serias dificultades.

No obstante sus problemas, el ministerio continuó. Juan y Linda no podían ver lo que estaba pasando. Al reflexionar en los hechos que los llevaron al desastroso final, llegaron a la conclusión de que sus problemas habían comenzado en el momento en que Linda se enfermó por primera vez.

«¡Oramos una y otra vez por la salud de Linda! —dijeron—. ¡Creíamos que Dios contestaría nuestras oraciones! Pero no lo hizo como esperábamos».

Juan hizo una y otra vez la misma pregunta: «¿Por qué permitió el Señor que Linda se enfermara?»

Si observa con detenimiento cómo ocurrieron las cosas, verá que no es nada extraño que Linda se enfermara. ¿De qué otro modo podría haberse tomado un descanso legítimo? Un día libre o unas vacaciones estaban fuera de toda consideración. La única forma en que su cuerpo podía encontrar descanso era con una enfermedad. Con un estado físico debilitado, nervios sobrecargados y reflejos cansados, estaba en las mejores condiciones para contraer una enfermedad debilitante como la que le sobrevino.

La única manera de evitar el sobrecargo de trabajo, las presiones, la fatiga y el enfrentarse con un matrimonio que se estaba desintegrando era enfermarse. Sin embargo, ella no se daba cuenta de que eso era lo que estaba ocurriendo. No se enfermó intencionalmente. Su diapasón espiritual no estaba en funcionamiento; Linda fue presa de su propia naturaleza.

El Señor nos da un ejemplo de un siervo de Dios sobrecargado de trabajo en la experiencia de Moisés en Éxodo 18:1-26. Jetro, su suegro, vio lo agotado que estaba Moisés como consejero y juez. Desde la mañana hasta la noche el pobre hombre escuchaba las quejas y dificultades de los hijos de Israel. Estaba completamente exhausto. Jetro, muy sabiamente, comprendió que un hombre no puede hacer la obra de Dios *solo*. Moisés era un poderoso hombre de Dios, uno de los más grandes siervos de Dios, pero no era Don Indispensable.

«¿Qué es esto que haces tú con el pueblo?», le preguntó Jetro. «¿Por qué te sientas tú *solo,* y todo el pueblo está delante de ti desde la mañana hasta la tarde?»

Moisés era un hombre con sentido del deber, una persona bien familiarizada con las presiones y demandas de su llamado, no alguien que eludía las responsabilidades. Así que le respondió a Jetro que el pueblo iba a él para resolver sus asuntos y que él les declaraba las ordenanzas de Dios.

Eso es lo que Juan y Linda también creían. ¡La necesidad era muy grande! ¡Mira la cantidad de problemas! Tenemos que hacer todo lo que podamos para ayudar a los jóvenes. Somos los únicos que podemos hacerlo.

Pero Jetro fue firme y sabio al responderle a Moisés: *No está bien lo que haces. Desfallecerás del todo, tú, y también este pueblo que está contigo; porque el trabajo es demasiado pesado para ti; no podrás hacerlo tú solo* (v. 18).

Fíjese que le dijo que no sólo Moisés quedaría gastado, sino *también todo el pueblo.*

Juan y Linda perdieron el ministerio de la cafetería, no por la enfermedad de Linda, sino porque creían que eran indispensables, los *únicos* que podían llevar adelante toda la tarea que Dios les había encomendado. Cundió el orgullo, la ambición, el deseo de tener éxito, el temor al fracaso y la deshonestidad espiritual. Perdieron su visión y su energía espiritual primero y luego perdieron su ministerio.

El diablo es muy astuto. Tienta al obrero cristiano con algo que tiene toda la apariencia de bueno. ¿Qué podría ser más noble que el deseo de ayudar a otros? ¿Qué podía ser más abnegado que trabajar día y noche por el Señor? Veamos algunas de las señales sutiles de los venenos mortales que pueden contaminar la pureza del corazón.

CUANDO EL BIEN NO ES TAN BUENO

El creyente que en verdad ha nacido de nuevo y que trabaja para el Señor no es fácilmente tentado en áreas de pecado franco y descarado (robar bancos, traficar drogas o volverse un asesino a sueldo), de modo que el diablo nos atrapa en nuestro propio terreno sacando provecho de nuestra *carne* mientras nos convence de que es el Espíritu. El diablo puede usar, con habilidad y astucia, el orgullo, la envidia, la codicia, los celos, la ira, la lujuria, la glotonería, la pereza (los siete pecados capitales) como *motivos* para nuestras buenas obras y para nuestra ayuda a la gente.

«¿Cómo puede ser eso?», tal vez se pregunte.

Aclarémoslo.

- El hombre con sentimientos de inferioridad que acepta a Jesucristo como su Salvador y luego asume una actitud de superioridad con los inconversos. Habla en las esquinas y en las plazas a todo el que puede e informa a las personas que van directo al infierno si no cambian. (Orgullo.)
- El pastor que conoce todas las respuestas. Tiene todas las soluciones. Sabe toda la revelación. No forma consejeros en la iglesia. Dice a su congregación que vayan solamente a él con sus problemas. (Orgullo.)
- El líder de grupos de oración que pasa más tiempo comiendo y criticando a otros que orando. (Glotonería, codicia, ira.)
- El líder de estudio bíblico que se indigna cada vez que uno de los miembros más habladores del grupo toma demasiado tiempo expresando sus puntos de vista. (Ira, envidia, orgullo.)
- El obrero cristiano que critica el ministerio de otro obrero porque tiene más éxito que él. (Celos.)
- El diácono de la iglesia que fácilmente se siente halagado por la atención de mujeres atractivas. (Orgullo, lujuria.)
- El obrero de la iglesia que tiene arranques de ira en casa y se dice a sí mismo que todo el mundo está en contra suya. (Ira.)
- El obrero cristiano que siempre llega tarde, no se puede confiar en él, se siente sobrecargado de trabajo, cansado, nervioso, molesto y es exigente con los demás. (Pereza.)

El deseo de ayudar a la gente es bueno en sí. El deseo de servir al Señor orando, enseñando y aconsejando también es bueno. Dios quiere que le sirvamos ayudando a la gente, sin embargo, podemos estorbar su gloriosa voluntad por falta de sabiduría y comprensión espirituales y algo más de lo que hablaremos a continuación.

EL MEJOR BIEN

Es posible ser predicador, maestro, líder e incluso mártir, sin tener el más mínimo interés por la gente. Usted podría pastorear una iglesia, dirigir estudios bíblicos, viajar por todo el mundo predicando; o ser perseguido por la fe en Dios, sin conocer nada en absoluto acerca del amor. Eso es lo que dice 1 Corintios 13. Dice que podemos predicar y enseñar, y hasta mover montañas con nuestra fe, dar todo lo que tenemos a los pobres, ser mártires por la causa, pero de nada sirve si no tenemos amor.

«Eres la única persona que puede ayudarme», le dice el individuo afligido. «No hay ningún otro. Nadie más puede hacerlo».

Usted se siente en la posición de salvador. Y se traga el anzuelo. Después de todo, realmente desea ayudar. Tiene las respuestas y las soluciones, usted es el personaje importante. Es como Moisés.

Fíjese en las creencias erróneas:

1. Yo tengo el llamado, por lo que la unción para ayudar y dirigir a otros recae en mí solo.
2. Tengo algo especial y único del Señor que nadie más tiene. Debo hacer conocer mi revelación al mundo.
3. Nadie más puede hacer mi trabajo tan bien como yo.
4. No importa la hora del día o de la noche, siempre debo estar a disposición para solucionar las necesidades de todos los demás.
5. Jesús espera que yo renuncie a todos mis derechos a la intimidad, al descanso y a la recreación, si quiero servirle en forma completa.
6. Para poder servir al Señor con todo mi corazón, debo poner el ministerio antes que mi familia.
7. He entregado mis hijos al Señor para que el Espíritu Santo los guíe y les enseñe, porque como obrero cristiano no tengo tiempo para hacerlo.
8. Dios me ha llamado para ayudar a cierta gente que, si no fuera por mí, estarían en un estado espantoso.

9. Es mi deber como cristiano proveer todas las respuestas y soluciones para la gente a la que Dios me ha llamado a ayudar. Si no lo hago, sobre mí caerán las consecuencias.

10. Los demás debieran reconocer mi llamado, y ser ayuda y apoyo para mí en la obra que Dios me ha encomendado.

11. Si alguno es menos espiritual que yo, no tiene derecho a estar en el ministerio, aun más, ¡no tiene ningún derecho a tener más éxito que yo!

¿Cree usted algunas de esas mentiras?

Su bandera de advertencia espiritual debiera flamear muy alto cada vez que se oye a sí mismo decir algo relacionado con: «Soy indispensable». El pastor X nos contó cómo casi arruinó su vida y su ministerio en los primeros años de trabajo en el pastorado.

«Le pedí al Señor que hiciera algo respecto al número de personas que venían a mi estudio diariamente para que las aconsejara. Podía ver que las necesidades eran muy grandes, así que tuve un poco de temor puesto que esa gente esperaba que yo le diera las respuestas. No me sentía tan seguro de mí mismo. Oré de la siguiente manera: "Señor, voy a confiar en ti para que permitas que sólo el número adecuado de personas acuda a mí, de modo que no me desgaste. Y tráeme a aquellos que *pueda* ayudar, no a aquellos por los que no puedo hacer nada"».

Se aclaró la garganta y continuó: «Al comienzo todo anduvo bien, tenía tiempo para dormir ocho horas y un poco de tiempo libre para dedicarlo a mi familia. Pero después, ¡explotó la bomba! No permitía que nadie más aconsejara a la gente porque no creía que pudiera haber algún otro calificado para hacerlo. Después de todo, *yo* era el pastor. No permitía que ningún otro orara ni enseñara, y también supervisaba todas las decisiones de la iglesia. Estaba sobrecargado de trabajo. Trataba de responder a los problemas de todo el mundo, quería ser todo para todos; rara vez tenía un momento para mi familia, por lo que me estaba agotando».

(Juan y Linda se hubieran beneficiado de la experiencia de este pastor.)

Él continuó: «Fue en el momento en que estaba a punto de tener una crisis nerviosa que el Señor me mostró que estaba equivocado. Por un lado, me había aferrado a una oración que ya no tenía utilidad. Le había *dicho* al Señor qué hacer y después me preguntaba cómo podía ser que aquello que le había dicho no funcionara bien. Bueno, sencillamente ya no resultaba. De modo que hice algunos cambios, ¡gracias a Dios! Delegué responsabilidades en otras personas, y quedé sorprendido al ver lo espirituales y capaces que eran muchas de ellas. Ya no seguí aconsejando yo solo. En realidad, creo que no soy tan buen consejero como algunos de mi equipo. Probablemente nunca lo fui. *Creía* que era indispensable. Creía que yo era el único que podía ayudar a la gente».

Hay un momento para cambiar su situación de infelicidad y no mantenerla así. Por desdicha, y quizás con demasiada frecuencia, los cambios no se realizan a tiempo. Usted es el único que puede hacerlos. Esperar que la situación cambie no es la respuesta.

LA VERDAD

El pastor X dio un buen paso antes de que fuera demasiado tarde. Dejó a un lado sus grandiosas ideas acerca de sí mismo. Se dijo a sí mismo la *verdad*. Compare lo que sigue con la lista de creencias erróneas descritas anteriormente.

La verdad:

1. No soy la única persona llamada por Dios para ayudar y guiar a los demás.
2. Es verdad que soy especial y único, pero también lo son otros ministros de Dios. Mi ministerio no es el más importante de la tierra.
3. Otras personas pueden pastorear tan bien como yo.
4. Jesús siempre separó tiempo de su ministerio para relajarse y renovarse (Mateo 14:23) y lo mismo debo hacer yo.
5. Jesús no espera que yo me conduzca en forma compulsiva ni impulsiva. Espera que le sirva con sabiduría y con un

corazón sereno. Un corazón sereno es aquel que puede encontrar paz en medio de la tormenta.

6. Para servir a Dios de todo corazón, debo preocuparme por mi familia como él me ha ordenado. Si descuido las almas preciosas que me ha dado como mi familia, descuido mi primer llamado.

7. Mis hijos son mi responsabilidad y no los voy a descuidar. Me los ha dado Dios y me voy a ocupar de tener tiempo para ellos todos los días.

8. Dios me ha llamado a ayudar a otras personas, pero también las podría ayudar sin mí. Me alegro que él haya tenido a bien usarme, aunque me doy cuenta de que las personas no estarían en la ruina sin mí.

9. Es un honor que Dios me use. Pero comprendo que no soy responsable de encontrar respuestas y soluciones a los problemas de todo el mundo. Dios es el Señor, yo soy su siervo. Puedo señalar el camino, pero no puedo caminar en lugar de los demás.

10. Otras personas tienen el derecho de *no* sentirse obligadas a compartir conmigo la tarea de mi ministerio.

11. Me regocijo por los obreros que Dios ha llamado a la cosecha, y rechazo cualquier envidia y celo en mi vida. Estoy tranquilo.

Se necesitaron varios años para que Juan y Linda reemplazaran sus creencias erróneas con la verdad. Aprendieron a quererse el uno al otro y ver su trabajo con los ojos del amor. En este momento están comenzando de nuevo, se han ofrecido como voluntarios a una organización nacional para la juventud cristiana. También están trabajando con la juventud de la iglesia a la que asisten. Ya no son indispensables. Son parte de un enorme equipo de obreros que viven para Dios y quieren que se cumpla su voluntad en la tierra. Han unido sus fuerzas a hermanos y hermanas a lo largo de continentes y mares, han dicho sí al *amor,* y han quitado las esclavizantes y agotadoras creencias erróneas del orgullo que antes los dominaban.

Suponga que su teléfono suena a las tres de la mañana por tercera vez en la semana y que escucha las palabras: «Eres la *única* persona a quien puedo pedir ayuda», ¿qué haría usted? ¿Suspirará con aire de importancia y renunciará al sueño de una noche más para ayudar a esa persona con dificultades? ¿O se dirá la *verdad* a usted mismo?

No soy la ÚNICA respuesta de una persona. No soy indispensable. Ayudaré todo lo que pueda en horarios razonables. Mi familia es importante. Yo soy importante. Esta persona con problemas es importante. Debes orar pidiendo sabiduría y discernimiento para luego habla sin dudar: «Sé que tienes dificultades y tu problema es muy importante para mí. Pero Jesús es tu única respuesta, como lo es para mí. Quiero verte y hablar del problema contigo, pero no ahora. Por favor, llama mañana y haremos una cita para ponernos a trabajar a fondo con tu conflicto».

El Señor se manifiesta a través de usted en la gloria del amor y la verdad. Usted es importante, único, especial y hermoso, pero gracias a Dios, ninguno de nosotros es indispensable.

---

* Tomado de Of Whom the World Was Not Worthy [Aquellos de quienes el mundo no es digno] de Marie Chapian, Bethany House Publishers, Minneapolis, 1978.

CAPÍTULO TRECE

Más creencias erróneas que garantizan la infelicidad

Ahora que ha leído hasta este punto, con toda seguridad ha desarrollado alguna habilidad para identificar sus creencias erróneas y ya está haciendo algo acerca de ellas.

Recuerde, el primer paso siempre es *identificar* la creencia errónea. Segundo, *arguya* contra ella. Y, tercero, *reemplácela* con la VERDAD. Por ejemplo, usted se siente frustrado. Está tenso, nervioso y se dices cosas como la que sigue: «Ojalá tuviera más energía. Sencillamente parece que no lograra pasar un día sin sentirme agotado a medio camino».

Ahora que se ha hecho consciente de su monólogo interno y del papel que eso juega en su vida, está prestando especial atención a sus pensamientos y a sus palabras. Escucha con cuidado porque ahora sabe que lo que se dice a sí mismo no siempre consiste en frases completas. A menudo es una impresión, un sentimiento o un estado de ánimo general debido a una creencia correcta o errónea.

Tal vez exprese un descontento no especificado y no le confiera *palabras* a sus sentimientos. Es posible que diga cosas como la que sigue: «Ojalá pudiera quedarme en cama todo el día y no levantarme». (Pero, escuche: *¿Qué* se está diciendo a usted mismo?) «Me siento realmente como un don nadie». (¡Identifique su creencia errónea!) «Dos de mis amigos más cercanos se casan. Yo no me caso. Ojalá pudiera casarme». (Siga adelante, hasta ahora va bien.) «No tengo lo que quiero, debo ser un Don Nadie». (¡Dio en el blanco!) Ahí está su creencia errónea.

LAS ACTITUDES QUE ACOMPAÑAN
A LAS CREENCIAS ERRÓNEAS

La falsedad anterior se implementa con otras actitudes como: «El obtener lo que quiero es vital para mi felicidad. Debo conseguir eso que quiero a toda costa». Usted puede reconocer aquí el elemento esclavizante: ¡un camino seguro para la infelicidad!

Veamos seis creencias erróneas populares y al mismo tiempo las seis conductas y actitudes que las acompañan. Si cree que tiene que obtener lo que quiere para ser feliz, ¿qué clase de conducta falsa desarrollará?

CREENCIA ERRÓNEA # 1	ACTITUDES QUE LA ACOMPAÑAN
Debo obtener lo que quiero para ser feliz. *(Lo quiero, por tanto tengo que obtenerlo.)*	Es terrible que no pueda obtener lo que quiero.
	Mis deseos son lo más importante que hay en el mundo.
	Vivir sin lo que deseo implica un intenso sufrimiento.
	Es injusto que otras personas tengan lo que yo deseo y yo no lo tenga.
	Tengo que hacer todo lo posible por obtener lo que quiero.
	Soy feliz cuando tengo lo que quiero.
	Otras personas deben sentirse tan infelices y frustradas como yo cuando no obtienen lo que desean.

CREENCIA ERRÓNEA # 1	ACTITUDES QUE LA ACOMPAÑAN
	Otras personas deben tener los mismos deseos que yo, en consecuencia, me deprime ver que no obtienen lo que desean.
	Si no tengo lo que deseo, debe haber algo malo en mí como cristiano.
	Si no tengo lo que deseo, es porque Dios no oye mis oraciones.

Ninguna de las afirmaciones anteriores es verdad.

LA VERDAD

- ¡Dios me ama y siempre contesta mis oraciones!
- La Biblia dice que el Señor nunca me dejará ni me abandonará, en consecuencia, ¡sé que todo en mi vida está bajo su atenta mirada!
- No es terrible que todos mis caprichos no sean atendidos.
- No es espantoso que todas mis necesidades no sean satisfechas de acuerdo a mis expectativas y según mis planes.
- Puede ser incómodo o inconveniente arreglármelas sin ciertas cosas, pero LO PUEDO HACER.
- ¡Estoy tranquilo! Me voy a decir a mí mismo la verdad. Puedo tener necesidades. De tanto en tanto puedo soportar enfrentamientos y desconciertos. Pero sé, en lo recóndito de mi ser, que a través de todo, elijo estar tranquilo.
- Doy a los demás el derecho de tener más éxito que yo para obtener aquello que quiero.
- Me libero de la codicia. Me niego a ser una persona celosa. ¡Estoy conforme con ser así!

- Elijo amar al Señor Jesús más que a mis propios deseos, y por eso puedo darle mis deseos a él, para que él los cumpla, los bendiga, los rechace o los cambie.

Anotamos una serie de creencias erróneas adicionales, creadas especialmente para añadir ataduras y heridas más profundas a su vida y para mantenerlas allí.

CREENCIA ERRÓNEA # 2	ACTITUDES QUE LA ACOMPAÑAN
Es terrible que me hieran los sentimientos.	Por eso, debo evitar las situaciones y la gente que puede llegar a herirme.
	La gente que me hiere es mala.
	Soy menos cuando tengo heridos los sentimientos.
	Tampoco las otras personas tienen que tener sentimientos heridos.
	Debo hacer todo lo posible para evitar herir los sentimientos de otras personas.
	Los que hieren los sentimientos de mis seres queridos son personas malas.
	Debo lograr que la gente me trate con amabilidad y que no hiera mis sentimientos.
	Siempre tengo que tratar de hacer que los demás sean felices y no causarles problemas, porque podría herir sus sentimientos.
	Siempre tengo que tratar de mantenerme «controlado». Un cristiano nunca debe sentirse herido.

¿Comprende lo tonto de estas afirmaciones? ¡Qué increíble manera de provocarse a sí mismo la derrota! Una persona que es víctima de la creencia errónea que acabamos de señalar, seguramente también será como la Graciela de un capítulo anterior, esclava de las obligaciones y las expectativas. «Si no hago lo que esperan que haga, seguramente voy a desilusionar a fulano y a mengana, y eso sería terrible. Él o ella podrán decirme algo malo que hiera mis sentimientos. *No debo tener sentimientos heridos porque eso es terrible.* Es mejor que elija el camino seguro y trate de agradar a todo el mundo». De esa manera una persona confundida puede manifestar una postura superficial como la siguiente: «Estoy por encima de todo, nada me afecta». Francis Bacon dijo: «La verdad surgirá más fácilmente del error que de la confusión». La Biblia dice que Jesús sana tanto el error como la confusión.

La *verdad* es que es perfectamente normal que el cristiano se sienta herido o enojado de vez en cuando. Cuando atacan su autoestima, es posible que se sienta herido o enojado, dependiendo de las circunstancias. Lo *cierto* es que esas reacciones son normales puesto que la *verdad* es que se las puede manejar de acuerdo a la Palabra de Dios y reemplazar esas cosas falsas que usted se dice a sí mismo con afirmaciones como las que siguen:

LA VERDAD

- No significa que no soy espiritual cuando tengo sentimientos heridos. Puedo tener sentimientos heridos y ser una persona espiritual.
- Me hace bien escuchar mi monólogo interno y las mentiras que me digo, con el objeto de reemplazarlas con la verdad. Es bueno que enfrente la creencia errónea que he venido sustentando de que es terrible tener sentimientos heridos. ¡Me opongo a esa mentira en el nombre de JESÚS!
- No tengo que estar por encima de todo. Estoy lleno del Espíritu Santo y él está por encima de todo. Elijo tener misericordia conmigo mismo, como lo hace el Señor.

- El Señor es mi roca y mi salvación. Él es mi defensor y mi escudo. No tengo que tener temor de nada. Mi cuerpo, mi espíritu, mi mente y mis emociones son suyos.
- Les doy el derecho a las otras personas de ser hirientes y de tener sentimientos heridos. No soy salvador de nadie. Jesús es el Salvador.

Usted puede agregar muchas otras afirmaciones con verdades a esta lista. Busque una hoja aparte en su cuaderno de notas y escriba todas las afirmaciones de verdad que pueda oponer a esta creencia errónea y a las creencias erróneas que siguen a continuación:

CREENCIA ERRÓNEA # 3	ACTITUDES QUE LA ACOMPAÑAN
Para poder ser feliz, todo el mundo debe quererme.	Tengo que esforzarme para que todo el mundo me quiera.
	Debo halagar, manipular y esforzarme con diligencia para asegurarme de hacer precisamente lo que la gente quiere.
	Si la gente no me quiere, no puedo ser feliz.
	Las personas a quienes los demás no quieren deben sentirse muy desdichadas.
	Las personas a quienes los demás no quieren deben ser fracasadas.
	Si la gente no me quiere, debo ser un fracasado.
	La gente tiene la obligación de quererme.
	Las personas que son famosas, populares y admiradas por otras, son exitosas.
	Si soy famoso, popular y admirado por los demás, tendré éxito.
	Si nadie me quiere, será mejor que acabe con todo. No valgo nada.

CREENCIA ERRÓNEA # 4	ACTITUDES QUE LA ACOMPAÑAN
Las cosas tienen que salir bien.	Tengo que defender todo lo que creo que está bien.
	Debo luchar por la perfección en mi hogar, en el trabajo, en la iglesia, en el barrio y en cualquier otro lugar.
	La gente no debiera cometer errores.
	Si cometo errores, significa que soy inepto.
	Cuando las cosas salen mal, alguien tiene la culpa y debe ser reprendido.

CREENCIA ERRÓNEA # 5	ACTITUDES QUE LA ACOMPAÑAN
Si vale la pena hacer algo, ¡hay que hacerlo MEJOR que nadie!	Hacer una cosa mal es terrible e imperdonable.
	No me puedo perdonar si hago algo a medias.
	No puedo tolerar un trabajo mal hecho.
	El no lograr los mejores resultados, el más alto nivel, es una mancha en el carácter de la persona.
	Las personas que no quieren esforzarse y lograr el éxito son perezosas e ineptas.
	La falta de éxito es señal de fracaso.
	La falta de éxito es señal de que no se está haciendo el esfuerzo debido.

CREENCIA ERRÓNEA # 5	ACTITUDES QUE LA ACOMPAÑAN
	Si mis hijos, amigos o cónyuge no responden a mis exigencias en cuanto a logros, significa que andan mal.
	Si no puedes dar lo mejor de ti en algo, vale más que no lo hagas.
	Si no puedes dar lo mejor de ti en algo, vale más que no lo hagas.
	Jesús espera que siempre hagamos lo mejor.
	Jesús espera que nos demos íntegramente en todo; menos que eso no es aceptable.
	A Jesús le desagrada cuando hacemos algo mediocremente.

CREENCIA ERRÓNEA # 6	ACTITUDES QUE LA ACOMPAÑAN
Siempre debo estar contento a pesar de las dificultades y problemas que se me presenten.	Sentirme mal o desanimado implica no ser un buen cristiano.
	La gente descubrirá que no soy un buen cristiano si ve que estoy preocupado o afligido.
	Sería terrible que la gente pensara que no soy un buen cristiano.
	A toda costa, debo lograr que me admiren y me respeten.
	Debo mantener un testimonio perfecto en este mundo oscuro y cruel, de lo contrario Dios no se agradará de mí.

CREENCIA ERRÓNEA # 6	ACTITUDES QUE LA ACOMPAÑAN
	Es mi deber convertir al mundo con mis actitudes y acciones firmes y valientes.
	Si no acepto las dificultades y los problemas con un corazón agradecido, algo anda mal en mí.
	Debo estar *contento* cuando me vengan las dificultades.
	Es pecado llorar o sentir lástima por mí mismo. No debo permitir que nadie descubra que hago esas cosas. Pensarán mal de mí.
	Nadie debe descubrir lo pecador que soy jamás. Debo esconder mis sentimientos, y «ponerme la máscara» de la felicidad.

Las seis creencias erróneas anteriores están relacionadas entre sí en que, como resultado de la esclavitud de usted a ellas, puede terminar terriblemente enfermo en un hospital (lo que refleja una conducta escapista: las ansiedades que acompañan a esas creencias erróneas son demasiado grandes); o bien puede quedar deprimido, frustrado, desesperado o irritado, tal vez hasta experimentando terribles ataques de duda respecto a Dios.

Dirá cosas como: «¡Ya no puedo soportar la vida cristiana! ¡Es demasiado dura! Sencillamente no puedo cumplir con lo que debo ser como cristiano».

O bien: «Nadie me quiere. Si esta noche me encierro en el cuarto con la llave del gas abierta, a nadie le importaría. ¿De qué vale que siga así?»

O: «¿Qué quieres decir con eso de que no obtuviste el ascenso en el trabajo? ¿Qué te pasa? ¿Es que no hiciste el esfuerzo que corresponde?»

«Obtuve una mala nota en el examen, algo debe andar mal conmigo».

Estos hábitos que son el resultado de la propaganda tienen que ser reemplazados por la *verdad*. La verdad es la unidad en donde Cristo Jesús es el principio organizador y el centro. La más pequeña verdad de la vida cotidiana es parte de esa *gran verdad* que sostiene al universo, por obra de *aquel* que está por *encima* de todo, a *través* de todo y *en* todo.

El cristiano no es una persona dominada por las fuerzas del mundo, cuya felicidad o infelicidad depende de las situaciones, las circunstancias o los sucesos del momento. La felicidad del cristiano viene de su conocimiento de Jesús y del poder de Dios que hay en él. El Espíritu Santo que mora en él penetra todas las actitudes, creencias, sueños, esperanzas y pensamientos. «¡Soy completo en Cristo!», es su triunfante y *verdadero* monólogo interno.

¡Esto no significa que nunca debemos cambiar una situación desagradable! Por favor, comprenda que este libro no dice que acepte pasivamente todo sufrimiento o dolor sin intentar cambiarlo. Cuando es apropiado, e incluso tiene el poder para alejar el dolor, cambiando la situación, el *no* hacerlo sería destructivo y completamente tonto. Ejemplo: Un joven con un título universitario en arte, obtiene un empleo como vendedor de seguros, aun cuando hay oferta de trabajos en el campo para el que se ha capacitado. No le gusta el empleo que tiene, por lo que se siente infeliz e insatisfecho. A pesar de ello, se queda donde está, diciéndose a sí mismo que está bien sufrir. Tonto, ¿verdad?

Uno puede ser genuinamente feliz y completo por un giro del destino o por accidente. El gozo permanente no es un estado que viene volando por las ondas del aire trayendo paz y alegría sencillamente porque las cosas «están bien», o porque los demás deciden que usted es una persona valiosa, o porque le cae en las manos el empleo ideal.

En los años cuando la Segunda Guerra Mundial hacía estragos en Europa, las pequeñas aldeas de Yugoslavia recibieron el furioso ataque de las bombas, los tiroteos, las represalias y sufrimientos de todo tipo. Los nazis arrojaban bombas desde el aire, los guerrilleros se defendían; los italianos ametrallaban, otros ejércitos los atacaban y los pobladores apenas sabían qué bandera levantar cuando los soldados entraban por sus destruidas calles. Pero hubo una familia de apellido Kovac que se aferró a su fe en Dios aun cuando parecía que el mundo entero se venía abajo. La muerte y la destrucción reinaban por todas partes y no había el menor indicio de que el asunto terminara.

Jozeca Kovac era una joven esposa y madre que se había entregado a Jesús de todo corazón. Ella y su esposo habían dado sus vidas al Señor para bien o para mal. Realmente parecía que esa guerra era la peor, más terrible que la guerra de 1914. Un día arrojaron a Jozeca a la prisión junto con otras mujeres. Lo que sigue es una porción del libro acerca de la familia Kovac, *Of Whom the World Was Not Worthy* [Aquellos de quienes el mundo no es digno] no traducido aún.

Las celdas, que apenas daban lugar a una sola persona, alojaban a ocho mujeres. Había dos jergones y dos colchas. Había un resumidero en el centro de la celda y una pequeña ventana cerca del techo, cubierta de barrotes.

«No voy a derramar una sola lágrima más», decidió Jozeca y mantuvo la decisión los treinta días restantes que pasó en la celda.

Recibieron la primera comida la tarde siguiente. El guardia la arrojó al suelo a la par del resumidero que les servía de baño. La olla tenía un líquido gris en el que flotaban escamas de pescado.

—¡Ah, sopa! —exclamó Jozeca—. Vamos muchachas, comamos…

Pero el olor era tan fuerte que no podían levantar la taza sin sentir náuseas.

—¡Pescado podrido! —exclamó llorando una de las mujeres—. ¡Nos están dando pescado podrido!

—¡A esto le llaman comida! ¡Es comida para cerdos!

—¡Son desperdicios!

Los ojos de Jozeca resplandecieron:

—¡Nos arrodillaremos y daremos gracias a Dios por esto!

Jozeca levantó la taza frente a sus labios y la besó:

—Gracias Señor —oró—, por esta comida que nos mantendrá con vida.

Las demás también se pusieron de rodillas y tomaron la horrible sopa sin decir una palabra más.*

Más tarde, Jozeca ora y les dice a las muchachas que el Libro Santo dice que si la gente obedece sus mandamientos y sigue sus caminos, el Señor derramará sobre ellas sus bendiciones. Una mujer delgada de cabellos grises se estremece con irritación y le pregunta con incredulidad qué significa *bendición*.

Jozeca responde sin titubear: «Bueno, conocer *al Señor*», dice. «Hay una sola bendición, ¡conocer al Señor!»

La felicidad de Jozeca no dependía de estar rodeada de circunstancias felices, no dependía de la aprobación de los demás, no dependía de un ambiente agradable, ni de comodidades, ni de ventajas personales, ni de condiciones higiénicas, ¡ni siquiera de una oración contestada!

Feliz es algo que uno se enseña a sí mismo a ser.

Usted se enseña a sí mismo a ser feliz, no importa cuáles sean las circunstancias, los hechos o las situaciones que enfrentes. Usted se enseña a estar gozoso porque ha decidido que es una persona valiosa. Sabe que es una persona valiosa porque *Dios* lo dice. «Porque no abandonará Jehová a su pueblo, ni desamparará su heredad» (Salmos 94:14). «Jehová es tu guardador; Jehová es tu sombra a tu mano derecha. El sol no te fatigará de día, ni la luna de noche» (Salmos 121:5, 6).

> *No temas, porque yo te redimí; te puse nombre, mío eres tú. Cuando pases por las aguas, yo estaré contigo; y si por los ríos, no te anegarán. Cuando pases por el fuego, no te quemarás, ni la llama arderá en ti (Isaías 43:1, 2).*

¿Quién dice que usted vale? ¡*Dios*! («Si Dios es por nosotros, ¿quién contra nosotros?», dice Romanos 8:31. Si Dios es por usted, ¡no se ponga usted mismo en contra suya!)

¿Cómo nos ponemos en contra nuestra? ¿Cuáles de las siguientes afirmaciones se dice más a menudo a usted mismo? Sea franco.

☐ Soy estúpido.	☐ Gracias, Señor, por darme inteligencia.
☐ No soy atractivo.	☐ Gracias, Señor, por hacerme atractivo.
☐ No *puedo... (hacer cualquier cosa).*	☐ *¡Puedo,* con tu ayuda Señor!
☐ La mayoría de las personas son más felices que yo.	☐ Gracias, Señor, por la felicidad que me das.
☐ Soy pobre.	☐ Gracias, Señor, por prosperarme.
☐ No le gusto a nadie.	☐ Gracias, Señor, porque me hiciste agradable.
☐ No tengo ningún don.	☐ Gracias, Señor, por los dones que me has dado.
☐ Soy desdichado.	☐ Gracias, Señor, por el poder para vencer.
☐ Estoy solo.	☐ Gracias, Señor, por ser mi compañía más querida y más fiel.

¿Marcó más afirmaciones en la columna de la derecha o en la de la izquierda? Las afirmaciones de la columna izquierda son pura mentira. Las afirmaciones de la derecha son palabras de verdad. Mire las afirmaciones de la izquierda y dígase a sí mismo: «Guarda tu lengua del mal, y tus labios de hablar engaño. Apártate del mal, y haz el bien; busca la paz, y síguela» (Salmos 34:13).

Ahora lea en voz alta la lista de *verdades* de la columna de la derecha. Léalas y gócese en ellas. Jesús murió en la cruz para salvarle del engaño y de las ideas falsas. Murió para salvarle de las palabras de la izquierda. Puede agregar sus propias mentiras a la lista. ¿Con cuántas otras se ha estado difamando a usted mismo?

Las cosas que se dice usted mismo tienen poder sobre su vida. Si se dice alguna cosa con suficiente frecuencia, al fin la creerá. Esas pequeñas bromas que se dice usted mismo acerca de lo estúpido o inepto que es, no son ninguna broma, más bien son maldiciones. Si se dice con suficiente frecuencia que no puede hacer nada bien, comenzará a creerlo. Luego, cuando algo vaya en contra de sus planes o cuando cometa un error, la mentira que se decía a sí mismo se convertirá en una convicción. Tal vez diga: «Me parece que voy a volver a cometer la misma estupidez. Soy un torpe».

Escuche las palabras que se dice a sí mismo. ¿Está construyendo un muñeco de alquitrán? Si así es, puede comenzar a construir castillos y tesoros en el reino de Dios por hablar la *verdad*. Hable sobre las promesas de Dios que hay en su Palabra. ¡Repítase estas cosas *todos los días*!

Antes, en todas estas cosas somos más que vencedores por medio de aquel que nos amó. Por lo cual estoy seguro de que ni la muerte, ni la vida, ni ángeles, ni principados, ni potestades, ni lo presente, ni lo por venir, ni lo alto, ni lo profundo, ni ninguna otra cosa creada nos podrá separar del amor de Dios, que es en Cristo Jesús Señor nuestro (Romanos 8:37-39).

Ahora que está creciendo en la verdad, agregue algo más, como lo que sigue: «Estoy seguro de que ni las mentiras que me digo a mí mismo, ni las suposiciones vanas acerca de mí mismo, ni los ataques del enemigo en mis pensamientos, ni mis creencias erróneas del presente, del pasado o del futuro, ni los caminos del mundo, ni el pensar en forma optimista (si esta aparta mi mente de pensar de ACUERDO CON DIOS), ni ninguna otra ridícula mentira del diablo me podrá separar del amor de Dios en Cristo Jesús, mi Señor».

Recuerde: «La lengua apacible es árbol de vida; mas la perversidad de ella es quebrantamiento de espíritu» (Proverbios 15:4).

Usted no es un idiota. Se ha enfrentado a las creencias erróneas que le tenían preso. Ahora tiene la lengua del sabio y: «La lengua de los sabios es medicina» (Proverbios 12:18). ¡Va por buen camino!

CAPÍTULO CATORCE

¿Qué debo hacer para ser desdichado?
O cuando la verdad no nos hace libres

Se ve a las claras que Ester está seriamente perturbada desde el momento en que entra a la sala de espera. Se arrima a su alto y delgado esposo y mira los cuadros de la pared, por sobre la hilera de cómodos sillones. Tiene la típica expresión que todo experto asocia ya sea con una severa depresión o con la esquizofrenia.

¿Acaso Jesús no ha dado la promesa para siempre y para cualquier época, de que la verdad tendría el poder de liberar a las personas?

En el consultorio habla de forma pausada y con voz monótona. No mira a nadie en particular y hace largas pausas.

Otros consejeros y amigos cristianos le han dicho a Ester que no tiene por qué estar deprimida. Que todo es mental. Le han dicho que debería estar sonriente y feliz; después de todo, Jesús le ha dado su gozo. Le han aconsejado que ore más, que alabe más, que dé y haga más, y todas esas palabras bien intencionadas sólo han servido para deprimirla más. Ahora está sumida en el pozo oscuro de la desesperación, donde nadie ha podido penetrar.

El consejo que le dieron a Ester sus amigos y los consejeros era muy cierto, pero la hacía sentir culpable y bajo condenación. La verdad no le podía dar libertad. ¿Por qué? ¿Qué andaba mal?

En esa primera entrevista manifiesta confusión, desorientación y pensamiento alucinatorio. La lucha por su felicidad será una batalla campal con el mentiroso diablo. Se le hace un diagnóstico de depresión aguda, la trataremos sin medicamentos. El arma terapéutica será la *verdad*.

Muchas veces, las personas que creen que aconsejar es algo sencillo, terminan causando culpa y ansiedad más que resolviendo el problema. Ester había sido devastada por los consejos que había recibido, aun cuando las palabras pudieran ser muy ciertas.

Imagínese que usted es el paciente en el siguiente diálogo. Ha acudido a alguien a quien respeta para pedir consejo puesto que no puede librarse de la depresión que sufre:

Usted:	En los últimos días me he estado sintiendo deprimido. No logro sobreponerme. No entiendo qué me pasa.
Consejero:	¿Por qué se siente tan mal?
Usted:	No sé. No veo ningún motivo.
Consejero:	¿Hay algún pecado que no haya confesado?
Usted:	No creo. Pero estaría muy dispuesto a confesar cualquier cosa si piensa que es necesario.
Consejero:	¿Alguien a quien no haya perdonado?
Usted:	No creo. Pero estoy dispuesto a orar si fuere necesario.
Consejero:	Tenemos que orar para que sus recuerdos sean sanados. (A estas alturas, ora con el consejero.) Amigo (después de orar), tiene que comprender que usted es hijo de Dios. No es correcto que tenga esos sentimientos. Jesús murió para quitarle la tristeza y la amargura, y las Escrituras dicen que estemos siempre gozosos en el Señor.
Usted:	Sí, sé que tiene razón. Me siento muy mal por estar deprimido. Pero no logro alegrarme con nada.
Consejero::	¡Tal vez ni siquiera alaba al Señor! ¿Alaba al Señor todos los días?
Usted:	Bueno, supongo que no. Quiero decir, especialmente cuando me siento tan deprimido como ahora....
Consejero:	Cuando un cristiano anda verdaderamente en el Espíritu, la Biblia dice que experimenta vida y paz. Su depresión es de la carne, no del Espíritu. No estás alabando al Señor y no andas en el Espíritu.

Usted:	Sé que tiene razón. Mi esposa (esposo, amigo) me dice lo mismo. Me dice que debo ser vencedor. Pero estoy tan deprimido....
Consejero:	Escuche las cosas que dice con sus labios, ¿quiere? Lo que usted dice, eso recibe.
Usted:	¿Lo que digo, recibo?
Consejero:	Así es. Si *dice* que está deprimido, *estará* deprimido.
Usted:	¿De modo que debo decir que *no* estoy deprimido?
Consejero:	La Biblia dice que el poder de la vida y de la muerte reside en la lengua. Pida y recibirá. Lo sabe bien.
Usted:	Muy bien, no estoy deprimido. No estoy deprimido.
Consejero:	Así es mejor. Ahora, sencillamente regocíjese en el Señor. Alabe al Señor y en poco tiempo habrá superado esa depresión.

¿Cómo se sentirá después de esa sesión de consejos? Es probable que muy frustrado, y tal vez más culpable y deprimido que nunca.

¿Por qué es que la verdad no le liberó?

Examinemos el diálogo para ver lo que pasaba por la mente del consejero. Podríamos decir que creía que:

1. Una vez que se es cristiano, aconsejar es algo muy sencillo. Todo lo que hace falta es conocer algunos versículos y algunos principios que estén en boga.
2. No hay necesidad de escuchar a las personas, ya que el sentirse mal y tener problemas no resueltos siempre es resultado del pecado y de no tener en cuenta la Palabra de Dios.
3. Todo lo que un consejero necesita para aconsejar a una persona que tiene dificultades, es conocer algunos pasajes de las Escrituras. Si la persona con problemas no quiere escuchar la verdad, es lastimoso.

No todo lo que cree este consejero es falso. *Es* verdad que la Palabra de Dios sana y limpia («Vosotros estáis limpios por la palabra que os he hablado», Juan 15:3), y es cierto que algunos problemas son resultado del pecado y de no tener en cuenta la Palabra de Dios. ¿Por qué entonces es que las palabras del consejero no penetraron en lo hondo de la depresión y ayudaron a extraerla?

A Ester le decían que volviera a su casa y dejara de sentirse tan preocupada porque eso es pecado y es una actitud egocéntrica. Sus amigos le decían que era egoísta al sentirse tan deprimida, y que si se arrepentía de su egoísmo, el Señor la limpiaría de su pecado y volvería a sentirse bien. No le ofrecían ningún medio para comprender su propia dinámica depresiva ni algún *procedimiento* para poder cambiar. Sólo oía las severas exigencias de hacer precisamente lo que no podía realizar.

Ester debía dejar de sentirse mal y comenzar a amar al Señor como corresponde; después de todo, él había hecho mucho por ella, ¿por qué no podía ser más agradecida? Cuanto más oía esas palabras, más profundamente se encerraba en sus fracasos y sus errores. Comenzó a pensar que no valía nada y que tal vez no era ni siquiera cristiana.

A veces hasta se acusa a la persona que tiene dificultades, de tener demonios. Conocemos a una mujer a la que acusaron de poseer «el demonio del orgullo patriótico». Era extranjera y sus fuertes vínculos con su país natal aparentemente molestaban a sus acusadores. Otra mujer nos explicó de qué manera la habían acusado de poseer demonios: «Me dijeron que en mi casa había un "espíritu del arte". Quedé pasmada al pensar que en mi casa vivía un demonio del arte. De modo que quemé todos mis cuadros y regalé mi colección de antiguos libros y revistas. No quería estar fuera de la voluntad de Dios, de modo que dejé mi casa limpia de obras de arte. Me deshice de miles de dólares de valiosísimo arte».

La ayuda que, valga la redundancia, no es de ayuda y la verdad que no libera pueden deberse a:

1. Consejeros o amigos que no tienen verdadero amor por las personas que están sufriendo.
2. No escuchar lo que la persona preocupada dice en realidad y, en vez de escuchar buscando pistas para resolver el problema, cortar al individuo de entrada.

3. No preocuparse por conocer a fondo a la persona afligida.
4. Usar la Palabra de Dios como un garrote para golpear con la verdad.
5. Tener todas las respuestas y estar preparado para dar soluciones en todo momento.
6. La idea equivocada de que el consejero es una persona mejor y más valiosa que el individuo afligido.

Jesús puede resolver cualquier problema que tengan los seres humanos, pero requiere sabiduría y discernimiento de parte del consejero saber cómo encararía el Señor a cada persona. El consejero debería orar pidiendo los dones espirituales de conocimiento, discernimiento y sabiduría para usarlos con efectividad. Ayudar a las personas a tener emociones sanas no es como hacer una receta de medicamentos para los resfríos y los dolores de garganta. No todos sufren ansiedad o depresión de la misma manera ni por las mismas razones.

No hay respuestas cliché para el sufrimiento emocional.

Hay muchas teorías, y cada «experto en teorías» cree tener la verdad. La causa de los problemas, de acuerdo a ciertas teorías de sicopatología, son los conflictos inconscientes, que a su vez fueron provocados por hechos e interacciones de la infancia. Similar a esta es la idea de que los recuerdos son la causa de los problemas actuales, y que si se sanan los recuerdos, se sanan los problemas.

Otras teorías ubican la causa de todas las dificultades de la conducta en los genes y ofrecen el dudoso consuelo de que tales cosas pueden erradicarse en las generaciones futuras, si nos ajustamos al consejo que los científicos planifican para nosotros, o tal vez si alteramos nuestro material genético.

Otros científicos afirman que en la falta de equilibrio químico subyacen todas nuestras emociones indeseadas; por lo que proponen que los sicofarmacólogos desarrollen compuestos, tabletas y cápsulas que, al ingerirlas, produzcan un mundo libre de ansiedades y depresión.

Hay algunos religiosos que insisten en que los problemas emocionales siempre se deben a pecados de los cuales no nos hemos arrepentido y a la falta de fe. Otras personas religiosas ubican la causa en el espíritu, bajo la suposición de que es inevitable la infestación de espíritus malos, sobre todo en aquellos casos que esas personas no entienden, como el síndrome dislógico y la esquizofrenia. En realidad, puede haber algo de cierto en todas esas teorías, pero ninguna de ellas por sí misma es suficiente para explicar y curar todas las conductas anormales.

El hecho de que a veces ocurra la mejoría después de la aplicación de alguno de esos métodos de tratamiento, no significa que cada uno, por sí mismo, sea «la respuesta».

Dios quiere lograr la sanidad por medios tales como la oración, la imposición de manos, la unción con aceite, la liberación, los consejos, la dieta, los medicamentos, el trabajo, el juego, el aire fresco, el ejercicio, los amigos, el amor y, a veces también, la relación sicoterapéutica. (Si el Señor ha elegido producir los efectos deseados a través del consejo, no es una alternativa a «dejar que Dios lo haga», sino el medio que él ha determinado usar en ese caso particular.)

Ester aprendió a escuchar las palabras y los pensamientos de su mente. Escuchó las palabras que se estaba diciendo a sí misma, las que perpetuaban sus sentimientos negativos.

—Me hastía tener que levantarme por la mañana —explicó en ese tono de voz letárgico que había adoptado—. Las mañanas son horribles. Detesto tener que enfrentar la casa, los niños y el desorden. Aborrezco tener que salir de la cama. Pero también detesto irme a la cama. No puedo dormir. Me despierto miles de veces durante la noche. Nunca me siento descansada. Sencillamente odio todo eso. No veo nada bueno en nada.

—Ester, cuando te despiertas por la mañana y te sientas al borde de la cama, ¿cuál es tu primer *pensamiento*?

—No sé ni siquiera si pienso algo. Soy desdichada. Siento como que deseara morir —hace una pausa, mira la lámpara que hay sobre el escritorio, luego dice—: Me digo a mí misma que no puedo seguir así, que ya no doy más.

Otra larga pausa. Hace un gesto con la boca.

—Nada de lo que hago está bien. Eso es lo que me digo a mí misma.

Ester pensaba que Dios le hacía exigencias imposibles, que la vida le demandaba cosas irrealizables. Pensaba que no podía estar al nivel de las expectativas que tenían con ella y ahora, para complemento, carecía de la fuerza para tratar de cumplir hasta sus propias expectativas. No estaba lejos de la verdad. Todo eso era demasiado para ella.

Ester misma había llevado su vida al estado en que estaba. Había soñado con casarse, con ser la esposa ideal. Había soñado con el día en que estaría rodeada de dulces niños, todos hermosos, adorables y obedientes. Había soñado vestirlos con ropas preciosas y tenerlos a su alrededor todo el día a modo de compañía; iba a estar encantada de ser madre. Quería ser la *mejor* esposa, la *mejor* madre y la *mejor* cristiana que pudiera existir.

También su esposo tenía ciertas expectativas. Esperaba que Ester mantuviera la casa ordenada, que enseñara a los niños a ser obedientes, a tener buenos modales y a ser respetuosos, y que disfrutara al hacerlo; que tuviera siempre preparadas deliciosas comidas cuando él llegara del trabajo, que se mantuviera bien vestida y atractiva, que le fuera fiel y supiera apreciarlo bien, que considerara sus necesidades como vitalmente importantes y que dependiera de él para disfrutar de la vida.

Los niños requerían que ella estuviera el cien por ciento del tiempo en casa para darles de comer, cambiarlos, acunarlos, vestirlos, cuidarlos y gozar de ellos. Se sentía culpable porque no lograba gozar de sus ruidosos niños y de su desordenada casa, y no comprendía por qué perdía los estribos tan a menudo durante el día.

Se comparaba a sí misma con sus amigas cristianas que parecían estar muy bien. Se comparaba con las mujeres de las propagandas de la televisión cuyos pisos brillaban relucientes después de una rápida pasada de paño, y cuyos niños siempre limpios tenían un aspecto pulcro y actuaban en la forma correcta. Le eran familiares los programas de televisión en los que el ama de casa parecía manejar todo a la perfección. Se miraba a sí misma y pensaba: «Soñé con una vida de casada que sería como el cielo y esto se ha vuelto casi un infierno».

Expectativas demasiado grandes para poder cumplirlas, exigencias imposibles de lograr, ¿dónde estaba Dios en todo esto?

Su iglesia era activa, todos los días de la semana había algún programa. Ester asistía al estudio bíblico de damas del miércoles por la mañana, además del servicio matutino del domingo. Luego se unió a la sociedad misionera que se reunía los viernes, al grupo de oración de intercesión de los martes en la mañana, y se ofreció como voluntaria para cuidar a los niños a la hora del culto el domingo por la noche. Una vez por mes participaba en la comida de los trabajadores de la escuela dominical.

La gente la quería y apreciaba su disposición a ayudar. Ella pensaba que los demás esperaban que fuera enérgica, desprendida, atenta y que permanentemente estuviera compenetrada en todo. «El mundo nos observa», expresó su pastor desde el púlpito un domingo. «Siempre tengan presente que el mundo tiene puesta la mirada en los cristianos. Por eso, ustedes deben ser ¡buenos testigos!»

Buen testigo, buena esposa, buena madre, buena cristiana, buena persona, buena cocinera, buena obrera de la iglesia, demandas, presiones, expectativas. Ester se forzó a sí misma a seguir luchando, probando, esforzándose por ser «buena», la «mejor», hasta que comenzó a fracasar a menudo, a sentirse culpable y a estar deprimida. Luego vinieron las exigencias de que se elevara por encima de sus sentimientos de depresión.

«¡Debieras ser una vencedora!» «¡La depresión es pecado!» «¡*Tienes* que obtener la victoria!»

Las ideas de Ester acerca de la esposa, la madre y la cristiana perfectas, se escaparon de sus manos como serpentinas en el viento. Al no tener nada con que reemplazar esos ideales falsos, comenzó a sentirse inútil, derrotada, desprovista de metas, sin valor y, peor aún, pecadora.

¡PERO LA VERDAD NOS HACE LIBRES!

Una causa frecuente de la conducta anormal es que las personas no examinan sus creencias (actitudes, ideas, pensamientos, monólogo interno), y que tienen la tendencia simultánea a no cuestionarlas, aunque sean penosas, crueles y FALSAS. Ubicar e identificar las autofabricaciones que le causaban dolor, además de aprender la *verdad* basada en los hechos reales, fue el «milagro» terapéutico que inició la dramática recuperación de Ester. Repitamos *los tres puntos* del *esquema terapéutico:*

1. *Ubicar* e *identificar la creencia errónea en sus pensamientos y en su monólogo interno.*

(La creencia errónea de Ester, al menos en parte, era: «Soy un fracaso en la vida porque no soy la esposa y la madre que pensaba que sería; además, estar casada no es lo que la gente dice que es».)

2. *Argüir la creencia errónea.*

(«No soy un fracaso simplemente porque no cumplí ciertas expectativas que eran irreales desde el comienzo. El matrimonio tal vez no sea lo que soñé, pero hay algunas cosas en él que no dejan de ser buenas».)

3. *Reemplazar la creencia errónea con la VERDAD.*

(«A pesar de las cosas desagradables y deprimentes y de las pruebas que enfrento a diario, *puedo* seguir adelante. La exigencia que se me impone de estar gozosa y con energías todo el tiempo es irreal, y Jesús murió en la cruz para que no tenga temor de ser realista. No soy un fracaso por sentirme mal a veces. Soy hija de Dios, y tengo un Salvador que me libra de mis propias exigencias y expectativas, así como también de las de los demás».)

Puedo cambiar las situaciones de mi vida que necesitan ser modificadas, sin temer estar cometiendo un error. Ya no me siento intimidada por las exigencias de los demás».

«Además», Ester se dijo a sí misma, «*puedo* soportar experiencias desagradables y admitir que las tengo de vez en cuando, a pesar de que siempre he creído la fábula de que las otras personas están gozosas todo el tiempo. *Puedo* estar contenta aun cuando las cosas no son como quisiera. *Soy capaz de* soportar las dificultades porque *«Todo lo puedo en Cristo que me fortalece»* (Filipenses 4:13).

Jesús enseñó que la *verdad* tiene poder para liberar. Dios trata de que, y quiere que, la *verdad* esté presente en nuestro interior.

«He aquí, tú amas la verdad en lo íntimo, y en lo secreto me has hecho comprender sabiduría» (Salmos 51:6). Esa es nuestra oración.

Ya sea que seamos nosotros los que estemos en dificultades o que estemos aconsejando a alguna persona que está sufriendo, nuestra tarea es comunicar la *verdad* que libera al ser interior, a nuestra alma, el asiento de nuestras emociones.

Ester tuvo un progreso rápido cuando comprendió muchas de sus creencias erróneas. Se enseñó a sí misma a reemplazar las mentiras que se decía por la verdad. También se enseñó a ser compasiva consigo misma. Se enseñó a hablar de sus sentimientos con su esposo y a permitirle saber cuándo sus exigencias hacia ella eran irrealistas.

Tratar de adecuarse a las exigencias de los demás acabará con lo mejor de nosotros y nos hará perder nuestra autoestima, frente a la predominante amenaza del valor de los demás.

Es mediante el poder de la verdad que encontramos nuestro verdadero ser, si la ponemos como la base misma de nuestra vida. Decirnos la verdad a nosotros mismos nos libera para ser las personas plenas, dinámicas y amantes que Dios ha planeado que seamos.

Recuerde que el mismo Espíritu que levantó a Jesús de la muerte, mora en usted. Usted es su hijo, por lo cual nunca estará solo por el resto de su vida ni por la eternidad, mientras se diga a sí mismo la verdad.

Cómo usar esta guía de estudio

Preparamos esta guía de estudio para que le ayude a pensar y a recordar los principios de *Dígase la verdad*, con el fin de que pueda aplicarlos. El uso de esta guía de estudios también le ayudará a poner en práctica de inmediato la terapia de las creencias erróneas. Si con sinceridad logra identificar, enfrentar y reemplazar esas creencias erróneas tal como lo presentamos aquí, obtendrá resultados drásticos y positivos tanto en sus sentimientos como en sus acciones.

Esta guía de estudio servirá para su uso personal aunque también para los que participan en grupos. Lea uno de los capítulos y luego trabaje con el material respectivo de la guía. Vuelva al pasaje, estudie y relea las secciones que necesite repasar. A medida que avance, asegúrese de enfocarse en lo que siente y cree en realidad.

Podrá crearse también un programa de estudio en grupo si los miembros de la clase conversan o debaten sobre las preguntas de la guía semana a semana, antes de trabajar en ellas y, a la vez, habiendo completado la lección en casa antes de la siguiente reunión. El grupo entonces podrá debatir cada tema desde el punto de vista de la experiencia personal y cada uno podrá hablar de cómo Dios está obrando en su vida.

Oramos continuamente por quienes leen el libro y utilizan la guía de estudio, para que vivan grandes victorias llenas de gozo al decirse a sí mismos la verdad, al encontrar una vida plena y rica en Jesucristo, que nos ama.

Marie Chapian
William Backus

CAPÍTULO UNO

¿Qué es una creencia errónea?

1. Anote en una lista las creencias erróneas que tiene en común con Juan (páginas 14-15)

2. En base al material del texto, ¿cuál de los dos grandes pensadores que consideraban el tema de la verdad le parece más atinado? ¿Descartes o Marco Aurelio? (páginas 15–16)? ¿Por qué?

3. Enumere tres pasos básicos para llegar a ser la persona feliz que ha de ser siempre (pág. 15)

4. Dé un paso hacia adelante en su vida ahora mismo y anote algunas de las creencias erróneas que más problemas le causan.

5. Nuestras creencias ilógicas, ¿son siempre verbales? Explique.

6. ¿Por qué nos conviene dejar atrás la filosofía freudiana si queremos abandonar nuestra creencia errónea?

7. ¿Qué es lo que causa la mayoría de nuestras emociones o sentimientos de hoy?

8.   ¿Qué diferencia hay entre *creencia errónea* e *incredulidad*?

9.   Es designio de Dios que en ocasiones suframos depresión, y él es quien nos envía muchas otras emociones dolorosas persistentes. ¿Verdadero o falso? Explique su respuesta.

10. No importa qué crea una persona siempre y cuando sea completamente sincera. ¿Verdadero o falso? Explique su respuesta.

CAPÍTULO DOS

¿Queremos realmente ser felices?

1. Mencione una de las razones que da el libro sobre por qué la teoría sicoanalítica de Freud ya no es tan ampliamente aceptada entre sicólogos y siquiatras.

2. ¿Por qué funcionaría la terapia de las creencias erróneas en su caso, si ninguna otra cosa funcionó?

3. «¡No puedo cambiar! ¡Soy así!» Es una creencia errónea especialmente discapacitante. ¿Por qué?

4. ¿Qué diferencia hay entre las terapias de la medicina y la cirugía con la terapia de las creencias erróneas en cuanto a lo que concierne al compromiso del paciente?

5. Enumere algunas razones por las que tal vez sea importante analizar los años de su niñez (pp. 26–27)

6. Complete: «Cambia las creencias de una persona y cambiarás su _____ y _____».

7. ¿Qué tiene que ver el estado de su bioquímica con sus
    sentimientos?

8. Nombre algunas de las cosas que pueden alterar su bioquímica
    y así cambiar lo que usted siente:

9. Lo que pensamos, ¿puede afectar nuestra química cerebral?
    Y nuestra química cerebral, ¿puede afectar nuestros pensa-
    mientos y sentimientos?

10. Anote algunas de las palabras que han utilizado otros sicólo-
    gos en el proceso de cambiar las creencias erróneas de alguien
    con el fin de mejorar lo que siente (página 28):

CAPITULO TRES

Las creencias erróneas en nuestro monólogo interno

1. ¿Qué es hablarnos a nosotros mismos o monólogo interno?

2. ¿Piensa que no pasa nada si se menosprecia continuamente? ¿Por qué?

3. Si le dice a alguien: «No haces nada bien» la suficiente cantidad de veces, esa persona será...

4. Los casados envidian _____. Los solteros envidian _____ .

5. Los dos grupos que acabamos de mencionar comparten una creencia errónea básica: «Soy infeliz, mientras otros son...»

6. Escriba lo que aprendió de esto el apóstol Pablo en Filipenses 4:11.

7. ¿Por qué son tan inconvenientes las autoafirmaciones falsas?

8. Anote algunos de los pensamientos destructivos que las men-
    tiras demoníacas suelen generar en nosotros:

9. Ahora anote, al menos, tres verdades que puedan contrarres-
    tar las creencias erróneas de su respuesta a la pregunta 8:

10. Guarda tu lengua del _____ , y tus labios de
    hablar _____ (Salmos 34:13)

11. El versículo del Salmo 34 se aplica no solo a hablar mal de
    otras personas o cosas, sino de hablar mal o con malicia de:

12. Salmos 34:14 nos dice: «Apártate del mal, y haz el bien; Busca
    la paz, y síguela». ¿Cómo puede hacerse esto con respecto a
    nosotros mismos? (Dos formas al menos).

CAPÍTULO CUATRO

Las creencias erróneas respecto a la depresión

1. Anote tres o cuatro frases de las Escrituras que describan sentimientos de depresión. Por ejemplo, en el Salmo 42 hay una. Lea los salmos y encuentre más frases como esa:

2. Anote al menos tres hechos que puedan provocar o precipitar la depresión:

3. Nombre las tres afirmaciones que nos decimos a nosotros mismos en cuanto a la desvalorización:

   a.

   b.

   c.

4. Brinde algunos ejemplos típicos de declaraciones autodescalificatorias que pronuncian los deprimidos:

5. Anote algunos ejemplos de declaraciones sobre nosotros mismos que pueden desvalorizarnos en el futuro:

6. ¿Qué es lo que le da sentido a su vida?

7. Mencione una de las formas erróneas en que se trata de combatir la depresión.

8. ¿Verdadero o falso? «Jamás hay que admitir que uno está triste o deprimido». ¿Por qué ha respondido en ese sentido?

9. ¿Qué hay de malo en la creencia errónea de que hay cosas o personas que nos son tan vitales que no podemos seguir adelante después de perderlas?

CAPÍTULO CINCO

Las creencias erróneas
respecto al enojo

1. ¿Verdadero o falso? «Todo enojo es malo». Brinde respaldo bíblico para su respuesta.

2. ¿Por qué no se puede sencillamente ignorar el enojo hasta que se nos pase?

3. Diga cuáles de estas creencias erróneas son falsas:

    a. «Tengo derecho a *exigir* que mi cónyuge sea bueno».

    b. «Como soy amable con los demás, los demás tienen que serlo conmigo».

    c. «La gente tiene que hacer lo que quiero que hagan *porque* quiero que así sea».

4. «Cuando me molesta lo que hace alguien, solo me causo problemas a mí mismo». No es la otra persona quien me molesta. Explique por qué sucede esto.

5. El enojo tiene que ver siempre con gritos, con arrojar cosas. ¿Verdadero o falso? ¿Por qué?

6. ¿Por qué serán casi siempre falsas estas afirmaciones: «No puedo más»; «es insoportable»; «la vida es terrible, triste»; «todo está mal; es el fin del mundo»?

7. Defina el enojo:

8. ¿Qué hay de erróneo en creer lo siguiente? «No puedo evitar sentir rencor por mucho tiempo».

9. Hable de la distinción moral entre la breve emoción del enojo y el enojo prolongado o amargura (vea Efesios 4:16 y Santiago 1:19-20).

10. Enumere algunas de las enfermedades físicas que pueden causar o agravar el enojo persistente:

11. Diga por qué es falso lo siguiente: «Si alguien se enoja contigo no hay nada que puedas hacer».

CAPÍTULO SEIS

Las creencias erróneas
respecto a la ansiedad

1. Defina la ansiedad:

2. Con palabras simples, diga qué significa «exagerar la probabilidad del desastre».

3. ¿Qué hizo la madre de Susana que le enseñó a preocuparse? (página 67-68)

4. Del caso de Susana, indique cómo puede uno enseñarse a sí mismo a preocuparse y vivir con ansiedad (página 68-69).

5. ¿A qué se refiere el término «terribilizar»?

6. Enumere algunas de las creencias erróneas que tenemos sobre los demás, que hacen que vivamos con preocupación.

7. ¿Cuál es el tema central de las creencias erróneas que producen preocupación o ansiedad (pág. 70)?

8. ¿Qué creencia errónea sostiene el acrofóbico?

9. ¿Qué creencias erróneas sostienen los zoofóbicos y los claustrofóbicos?

10. Anote algunas de las verdades que se contraponen a las creencias erróneas que haya mencionado en los puntos 6 a 9:

11. ¿Qué efecto tendrá sobre la ansiedad la conducta evasiva?

12. ¿Qué puede decirse uno a sí mismo para vencer la conducta evasiva?

CAPÍTULO SIETE

Las creencias erróneas respecto a la falta de dominio propio

1. Anote aquí algo que realmente necesite y tres cosas que desee mucho pero que en realidad no necesita (puede incluir cosas que ya posee).

2. ¿Puede explicar por qué los que tienen graves problemas para dominarse a sí mismos con frecuencia manifiestan estar enojados con Dios?

3. Muestre de qué modo animan los medios a la falta de dominio propio.

4. ¿Qué es lo que no está bien en esta creencia errónea: «No se pueden controlar los deseos más fuertes porque son necesidades y hay que satisfacerlas»?

5. ¿Verdadero o falso? «Jamás hay razón para que tengamos que sufrir frustración o incomodidad». Explique su respuesta.

6. ¿De qué modo les enseñan los padres a sus hijos a gritar, a exigir satisfacción y gratificación inmediatas?

7. ¿En qué consiste la creencia errónea que dice que «quien falla una vez, fallará siempre»?

8. ¿En qué consiste la creencia errónea que dice: «Me lo debía a mí mismo, al menos un poco»?

9. Somos responsables de nuestras decisiones. ¿Le vienen a la mente las distintas formas en que intentó negar esta verdad?

10. ¿Puede explicar de qué manera podemos planificar un programa de autorrecompensas para vencer el problema de la falta de dominio propio? Trabaje con el ejemplo que prefiera.

11. ¿Cuáles son los «disparadores» relacionados con los problemas de la falta de dominio propio? Brinde algunos ejemplos:

CAPÍTULO OCHO

Las creencias erróneas
respecto al autodesprecio

1. Oscar tenía una creencia errónea que gobernaba su vida y lo hacía sufrir. ¿Cuál era?

2. Medite en su propia vida por un instante. ¿En qué momentos de su vida sostiene la creencia errónea de que debe cumplir con las expectativas de los demás?

3. ¿Verdadero o falso? «Es vital la aprobación de los demás para poder ser felices». Diga por qué cree que es verdadero o falso.

4. Hay dos verdades importantes que las Escrituras nos enseñan sobre nuestra propia valía. ¿Cuáles son?

5. ¿Verdadero o falso? «Quien se menosprecia halaga a los demás para ganarse su aprobación».

6. Nombre tres conductas más que sean típicas del que se menosprecia:

   a.
   b.
   c.

7. Enumere las creencias erróneas que sostiene quien se menosprecia:

8. Tras analizar las creencias erróneas de Eliana (páginas 122–123) determine cuántas de ellas tiene usted:

9. Ahora dígase la verdad respecto de estas creencias erróneas (ver páginas 126). Escriba sus propias declaraciones personales en relación a la «verdad»:

10. ¿Por qué agradamos a Dios si nos amamos a nosotros mismos? Brinde respaldo bíblico para sus respuestas.

11. Tenemos costumbres sociales que nos enseñan a manipular a los demás con el fin de obtener aprobación y aceptación. Pero los motivos que enseña Dios son superiores. ¿Puede mencionar algunos? Complete lo siguiente:

   a. Yo _____, exigiré o insistiré en que tengo que ser importante para ti.

   b. Yo _____, me esforzaré por ganarme tu aprobación, afecto o amistad.

   c. Me interesa _____ y también: _____.

   d. La aprobación de _____ es más importante que la de _____.

CAPÍTULO NUEVE

Las creencias erróneas respecto al temor al cambio

1. Indique por qué es falsa esta creencia errónea: «Soy como soy. Jamás cambiaré».

2. Nadie nos obliga a pecar. Todo lo hacemos por decisión propia. Tampoco somos infelices porque otros nos obliguen. Nos hacemos infelices a nosotros mismos. ¿De qué modo crea usted su propia infelicidad?

3. ¿Verdadero o falso? La culpa de las condiciones y circunstancias insatisfactorias de su vida no está bajo su control.

4. Complete lo siguiente: «Soy responsable de _____ mis sentimientos y mis acciones». Ahora, repítalo cinco veces en voz alta.

5. Anote algunas de las creencias erróneas que le ataban a otras personas y que las responsabilizaban a ellas por lo que usted sentía o siente (por ejemplo: «Tal persona me pone nervioso»).

6. En general, aprendemos a pensar, sentir y actuar de tal o cual manera. Eso significa que son cosas _____ .

7.   Brinde ejemplos bíblicos que demuestren que no hace falta
     vivir en circunstancias perfectas para ser feliz.

8.   Contraponga la verdad a las siguientes creencias erróneas:

CREENCIA ERRÓNEA	VERDAD
¡Me haces enojar!	(por ejemplo: yo me enojo)
Nadie me ama y por eso vivo triste	
Mi empleo me deprime	
La vida es injusta	

10. Hay momentos en que se pueden cambiar las circunstancias
     negativas y dañinas que nos hacen sentir mal o tristes. Y esos
     cambios pueden efectuarse haciendo lo siguiente (marque lo
     que corresponda):

a. _____Pidiendo a otros que cambien las conductas que nos causan problemas

b. _____ Gritando violentamente cuando perturban nuestra paz

c. _____ Enfermarse para que (al fin) nos aprecien

d. _____ Dar un puñetazo a la pared para mostrar quién manda

e. _____Apartarse tranquilamente de la situación desagradable

11. Jesús no siempre aceptó ni permaneció en las circunstancias negativas en que se encontraba. Lea Juan 10:31-42 y anote cómo decidió conducirse Jesús y cómo reaccionaría usted.

12. Nombre tres personas de la Biblia que eligieron cambiar en vez de seguir siendo como eran antes:

CAPÍTULO DIEZ

La creencia errónea de que no hay que arriesgarse

1. «Pase lo que pase, nada debe herir mis sentimientos». ¿Por qué es falso lo anterior?

2. ¿Por qué es verdadero lo siguiente: «Está bien tomar una decisión equivocada de vez en cuando?»

3. Nombre tres creencias erróneas de Rolando y diga por qué lo son:

4. ¿Por qué hay gente que disfruta cuando se entera de las tragedias o pérdidas ajenas?

5. «Ser rechazado sería terrible». Es una creencia errónea. Diga por qué.

6. Dios corrió un gran riesgo cuando creó el ser humano con libre albedrío. Pero para él valía la pena, incluso aunque el ser humano utilice su libre albedrío para rebelarse en contra de Dios. Dios ha corrido muchos riesgos con el ser humano. ¿Puede mencionar algunos ejemplos?

7. ¿En qué afecta su vida la disposición de Dios a arriesgarse?

8. ¿Es verdad lo siguiente: «La fe es un riesgo en sí misma»? Brinde tres razones que fundamenten su respuesta.

9. Decirnos la verdad nos enseña que podemos vivir felices y en paz, sin riesgos. Explique.

10. Nombre algunas conductas que usted evita porque le parecen demasiado riesgosas (por ejemplo: pedir un aumento o decirle a alguien que lo ama):

11. Ubique qué cosas negativas se dice a sí mismo en cuanto a las conductas, y presente argumentos fundados en la verdad. Por ejemplo:

COSAS NEGATIVAS QUE SE DICE A SÍ MISMO	VERDAD
«No me atrevo a pedir un aumento. Podrían negarse. Eso sería terrible».	«Está bien si se niegan, incluso si lo deseo de veras».

CAPÍTULO ONCE

Las creencias erróneas en nuestras relaciones con los demás

1. ¿Verdadero o falso? Los demás debieran cumplir con lo que esperamos de ellos. Explíquese.

2. Sólo hay dos obligaciones básicas que tenemos los seres humanos. ¿Cuáles son?

3. La falsa obligación dice: «Tengo que hacer tal o cual cosa porque es lo que se espera de mí». ¿Qué dice la obligación del amor?

4. La frase «yo debería» preludia el sentimiento de culpa. ¿Por qué?

5. Sus expectativas le hieren y lastiman a los demás. Cuando les exigimos a los demás que cumplan con nuestras expectativas, nos estamos preparando para la derrota. Aquí hay algunos ejemplos de exigencias no bíblicas y no espirituales en cuanto a las expectativas y sus resultados cuando no se cumplen

EXPECTATIVA	SI NO SE CUMPLE, EL RESULTADO SERÁ:
El esposo debe comer lo que prepare la esposa, sin quejas.	Sentimiento de tristeza, rechazo, falta de amor.
Si los padres pagan las clases de piano al niño tiene que interesarle.	Sentimiento de enojo, frustración, falta de aprecio.
Agregue más ejemplos:	

6.   Relea lo que escribió en el cuadro anterior y piense qué cambios puede efectuar en lo que se dice a sí mismo si se dice la VERDAD. Anote su respuesta aquí. Ejemplo

VERDAD: No hace falta la cooperación y la aprobación para que me sienta bien conmigo mismo o para que sepa que lo que hago está bien.

7.   Anote aquí las exigencias y expectativas que tiene con respecto a otras personas, de las que querría librarse:

8. Describa lo que es la manipulación:

9. Argumente con la verdad y en amor ante esta afirmación manipuladora: «He estado en casa a solas todo el día y nadie me llamó ni vino a verme, ni siquiera tú, mi propio hijo...»

10. ¿Qué emociones sentimos cuando nos manipulan con la culpa?

11. Y por otra parte, ¿qué emociones sentimos cuando nos hablan con la verdad y en amor?

12. ¿En qué ocasiones se convierte la verdad en una herramienta de manipulación, en lugar de ser amor? Por ejemplo:

   «No quiero herir tus sentimientos pero siento que debo decirte sinceramente y con amor cristiano que tratas de llamar la atención, que no sabes cerrar la boca y, además, que has hecho un lío tremendo».

13. Una de las claves para decir la verdad es: No debemos acusar. ¿Hay otras reglas para decir la verdad?

   a.

   b.

   c.

14. «Con _____ estoy juntamente crucificado, y ya no vivo yo, mas vive Cristo en mí» (Gálatas 2:20).

CAPÍTULO DOCE

La creencia errónea de que uno es indispensable

1. En la Biblia tenemos un ejemplo del hombre de Dios sobrecargado de trabajo, en la experiencia de Moisés (Éxodo 18:1-26). Según Jetro su suegro, ¿por qué no era indispensable Moisés?

2. «Desfallecerás del todo, tú, y también este pueblo que está contigo; porque el trabajo es demasiado pesado para ti; no podrás hacerlo tú solo».

3. Brinde tres ejemplos de algo bueno cuando no resulta tan bueno (páginas 166-167)

   a.

   b.

   c.

4. Nombre cinco creencias erróneas relacionadas con la idea de que somos indispensables:

   a.

   b.

   c

d.

e.

5. La siguiente afirmación es verdadera. ¿Por qué? «Es un honor
    ser utilizados por Dios pero sé que no soy responsable de
    brindar respuestas y soluciones a los problemas de todos».

6. ¿Es verdadero lo siguiente? «Otras personas tienen derecho
    a no interesarse particularmente por mí y mis necesidades».
    Explíquese.

7. Brinde tres ejemplos del orgullo como motivo para ayudar
    a los demás:

    a.

    b.

    c.

8. ¿Qué cosas podría decirse a sí mismo en relación a lo que
    respondió más arriba?

9. Presente argumentos basados en la VERDAD, respecto de
    lo siguiente:

10. Con sus propias palabras diga por qué piensa que es impor-
    tante entender que no hay nadie que sea indispensable.

CAPÍTULO TRECE

Más creencias erróneas que garantizan la infelicidad

1. El primer paso para poder vencer un problema consiste en hallarlo e identificar lo que lo acompaña.

2. El segundo paso es _____ contra ese problema.

3. El tercer paso es _____ con la VERDAD.

4. Supongamos que siente frustración, tensión, nervios. Lo que se dice a sí mismo es más o menos lo siguiente: «Ojalá tuviera más energía. Ya no puedo seguir adelante el día entero sin agotarme antes de que termine». Ubique dos creencias erróneas en esta declaración:

   a.

   b.

5. En las páginas 174-179 hay una lista de creencias erróneas y actitudes que las acompañan. Aquí debajo anote las que tienen que ver con usted:

CREENCIA ERRÓNEA	ACTITUD QUE LA ACOMPAÑA

6. Ahora anote la VERDAD respecto de lo que acaba de escribir. Por ejemplo, si escribió: «Tengo que obtener lo que quiero» como creencia errónea, y la actitud que la acompaña es: «¡No conseguirlo es terrible!», argumente en contra de ello con la VERDAD.

7. Reemplace las palabras de esta creencia errónea con la VERDAD, y fundamente sus cambios: «Debo fingir que soy feliz y que puedo con todo, aunque sienta dolor y tristeza».

8. ¿Es verdad lo siguiente? ¿Por qué? «El cristiano no es una persona dominada por las fuerzas externas del mundo, ni alguien cuya felicidad o infelicidad dependa de situaciones, circunstancias o hechos».

9. Jozeca Kovac, la heroína del libro Of Whom the World was not Worthy pasó tiempo en la cárcel de Yugoslavia, donde lo que le daban de comer era como la basura. Sin embargo, daba gracias a Dios sinceramente por sus bendiciones. ¿Cómo es eso posible?

10. Jozeca Kovac nos demuestra la verdad de que ser feliz es algo que nos _____ a nosotros mismos.

11. Escriba tres cosas sobre sí mismo, comenzando con «Gracias, Señor, por...» (por ejemplo: Gracias, Señor, por hacerme inteligente, porque puedo leer y porque puedo entender el libro *Dígase la verdad*).

CAPÍTULO CATORCE

¿Qué debo hacer para ser desdichado? O cuando la verdad no nos hace libres

Este capítulo habla sobre el uso de la verdad con sabiduría y compasión. A veces podemos causar dolor al hacer que aquellos a quienes intentamos ayudar se sienten culpables o preocupados, angustiados por lo que les decimos con buena intención. Algunos consejeros, en su intento por brindar la ayuda que necesita una persona, en realidad la destruyen.

1. Lea el diálogo de las páginas 187-188. ¿Cuántas respuestas aparentemente buenas pero inútiles está utilizando este consejero? Anote aquí su respuesta:

    a.

    b.

    c.

    d.

    e.

    f.

    g.

2. ¿Por qué no logró el consejero ayudar a quien sufría?

3. La ayuda que no ayuda y la verdad que no libera pueden
    deberse a: (brinde al menos seis respuestas y sus explicaciones)

4. Anote diez declaraciones personales que comiencen con:
    «Puedo seguir adelante a pesar de...»

5. El Salmo 51:6 dice: «He aquí, tú amas la verdad en lo íntimo,
    y en lo secreto me has hecho comprender sabiduría».

6. Ya sea que estemos sufriendo, o que aconsejemos a alguien
    que sufre, nuestra tarea consiste en comunicar la VERDAD
    que libera las partes internas, nuestras almas, allí donde viven
    nuestras emociones. Con sus propias palabras diga por qué
    le libera decirse la verdad.

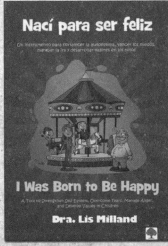

Te invitamos a que visites nuestra página
web, donde podrás apreciar la pasión por
la publicación de libros y Biblias:

www.casacreacion.com

 @CASACREACION

 @CASACREACION

 @CASACREACION

Para vivir la Palabra